好妈妈，
孩子成长的指路人

宋璐璐◎主编

汕頭大學出版社

图书在版编目（CIP）数据

好妈妈,孩子成长的指路人/宋璐璐主编.－－汕头：
汕头大学出版社,2017.9
ISBN 978-7-5658-3181-2

Ⅰ.①好… Ⅱ.①宋… Ⅲ.①家庭教育 Ⅳ.① G78

中国版本图书馆 CIP 数据核字（2017）第 226719 号

好妈妈，孩子成长的指路人
HAO MAMA　HAIZI CHENGZHANG DE ZHILUREN

主　　编	宋璐璐
责任编辑	汪艳蕾
责任技编	黄东生
封面设计	荣景苑
出版发行	汕头大学出版社
	广东省汕头市大学路 243 号汕头大学校园内 邮政编码：515063
电　　话	0754-82904613
印　　刷	永清县晔盛亚胶印有限公司
开　　本	787mm×1092mm　1/32
印　　张	8
字　　数	170 千字
版　　次	2017 年 9 月第 1 版
印　　次	2017 年 12 月第 1 次印刷
定　　价	25.00 元

ISBN 978-7-5658-3181-2

发行/广州发行中心　通讯邮购地址/广州市越秀区水荫路 56 号 3 栋 9A 室
邮政编码/510075　电话/020-37613848　传真/020-37637050

前　言

在中国流传着这样一句话，"至乐无如读书，至要莫如孩子"，意思就是说：最大的快乐没有超过读书的，最大的事情没有超过孩子的。古往今来，大多数的家庭在思想上都非常重视孩子的教育，这一点是无可厚非的。但是在思想上的重视并不代表方法上的正确，现实生活中，许多家长的教育方法都存在各种各样的问题。

曾经读过一则寓言——一位农夫得到一块玉，想要把它雕琢成一件精美的作品，但是他手中的工具只有锄头。很快地，这块玉变成了一块很小的玉，但是它们的形状却始终都像是一块石头，并且越来越快地失去了原本的价值。

年轻的父母们也得到了一块玉——孩子——多年之后的结果就是，一些人得到了让人满意的作品，一些人眼看着玉石的变化感到越来越失望。这二者的区别就在于后者的工具，只有锄头。

这不禁引起人们的反思，为什么有的孩子可以成才，而有的孩子成不了才？这里有各种各样的说法：命运论者说，天才是注定的，是从八字里面就带出来的；遗传论者说，天才是遗传的，是从娘胎中带出来的。其实不然，这些只是谬论罢了！

优秀的孩子出自优秀的家庭，问题孩子出自问题家庭，孩子的错误往往是父母失败教育导致的。家庭教育决定孩子的命运。人们要始终相信，孩子刚刚出生时，都是某个方面的天才，是父母的错误教育方法将天才的孩子扼杀在摇篮中。

这本《好妈妈，孩子成长的指路人》从整体上论述了家庭教育的重要性。当你读完这里的所有文章，会有一个清晰的逻辑框架进入到观念中。衷心希望这本书对家长们有用，尤其是年轻的父母们。

目 录

第一章

做一个合格的家长

　　孩子犯了错只知道批评孩子，孩子思考不出问题也只会抱怨孩子笨；孩子成绩好不知去鼓励加油，孩子心情沮丧不懂得去安慰照料。这是许多初为人母的女性共同的苦恼，也是错误的教子之法，想要好好教育孩子，首先要从改变自己开始。

　　找出自身的问题所在，先解决了自己的问题，才能保证解决孩子的问题。而当我们解决了自己的问题之后，孩子的问题也就会随着迎刃而解了。只有端正教育态度以及使用正确的教育方法，才能真正成为一个懂孩子、爱孩子的合格家长。这比遇到问题就向孩子施压要迅速和有效得多。

无知的妈妈耽误孩子

　　亲爱的妈妈们，你知道你的孩子为什么爱吃手吗？他为什么总是抓住什么都往嘴里塞？他为什么不断扔掉手里的东西，你捡起来递给他，他还会再扔掉？他为什么会一个人喃喃自语？他为什么总喜欢流口水？他哭闹是因为饿了吗？他为什么总是往桌子底下钻？你知道他为什么跟你发脾气吗？你知道他的叛逆期什么时候到来吗？你知道他为什么写作业不认真吗？你知道他为什么……

你制止了他的行为，却不知道破坏了他的什么。

你满足了他的要求，却不知道助长了他的什么。

因为你的无知，也许错过了宝宝成长的敏感期和关键期，忽视了孩子的叛逆期和成长朗，从而错失了教育宝宝的最佳机会。

憨憨马上就要1岁了。他坐在床上正努力用嘴巴嘟囔着什么，还不停地把手指塞到嘴巴里去，不仅自言自语还吐泡泡玩。这个时候，妈妈果断抓住憨憨的手指，还假装狠狠地拍了拍，像是要惩罚宝宝的样子。妈妈假装生气地说："不许吃手，多脏呀！"妈妈的制止让憨憨大哭起来。刚才的自得其乐瞬时变成了被打击的沮丧感。

很多爸爸妈妈觉得孩子咬手指或者脚趾是一种不讲卫生的坏习惯，却不知道那正是孩子在探索自己身体的奥秘，他会抓着自己的脚想：咦？这是什么？如果你了解孩子的这些求知敏感期，也许你要做的就是把孩子的小手小脚洗干净放手让他去探索自己。当你制止孩子的行为时，随之也打破了他们的求知欲望。

这样的无知是可怕的，因为你可能正在关闭一扇孩子努力了解自己的大门。

妈妈是孩子第一任老师，家庭教育可能会决定一个孩子一生的命运。而无知的妈妈会毁了孩子的前途。

从幼儿发育本身来讲，脑神经发育有两个特殊的发展规律，即关键期和敏感期，这成为孩子生长发育及成熟的天然驱动力。

"关键期"是指儿童最容易学习某种知识、技能或形成某种心理特征的那个时期。如果错过了这个时期，发展的障碍就难以弥补。"关键期"应用到儿童发展过程中，主要表现在语言发展和感知方面的发展。关于狼孩的故事就是一个很好的例证。

1920年在印度加尔各答附近的一个山村里，人们打死了一只狼后在狼穴里发现了两个狼孩，大的孩子八岁，人们给他起名叫卡玛拉，小的孩子两岁，人们叫他阿玛拉，他们被解救出来之后，就被送进当地的孤儿院抚养。阿玛拉在人类社会生活后，第二年便去世了，而卡玛拉虽然活到了十六岁，但是他的智力却只相当于三四岁孩童的水平。在一本记录他们被教化为人的书中，抚养者描述说：刚发现时他们的生活习惯和生活状态与狼一样。卡玛拉经过七年教育，才掌握四十几个单词，只能说简单的几句日常用语。

为什么经过后天教育，狼孩依然不能成长？因为他们已经错过了关键的语言发展期，后面即使教育条件再好，效果也微乎其微。

所谓"敏感期"是指在0~6岁的成长过程中，儿童受内在生命力的驱动，在某个时间段内专心吸收环境中某一事物的特质并不断重复的过程。"敏感期"是儿童心理某个方面发展最为迅速的时期，儿童学习某种知识比较容易，错过了敏感期或关键期，则学习起来较为困难，发展比较缓慢。每个孩子的敏感期的到来在时间上会有差异，但大都遵循着一定的规律。

孩子0～6岁间有许多的敏感期，0～1岁是孩子感观训练的关键期，这个时候，孩子的视、听、味、嗅、触等感官处在发育期，而让宝宝在这些方面得到锻炼则是关键；1～2岁是孩子求知欲的敏感期，这个时候，孩子喜欢探索物质和环境，此时要帮助宝宝一起探索，满足孩子的求知欲；2～3岁是占有欲的敏感期，此时孩子开始有"我的东西"的概念，因此要帮助宝宝理解我的和别人的之间的区别；3～4岁是秩序的敏感期，孩子开始懂得秩序，并遵守秩序，同时也会要求别人都按秩序行事，此时要帮助宝宝建立良好的秩序感和秩序观；4～5岁是自我意识发展的敏感期；5～6岁是社会交往和文化的敏感期，此时孩子会逐渐凸显自己的表达交际和对某些文化领域的兴趣爱好，妈妈可以试着找到孩子的兴趣点，从而帮助孩子发展特长。

妈妈们可以看到，在孩子入学前，也就是0～6岁的时候，宝宝已经开始睁眼认识世界了。而此时，如果因为妈妈的无知而错失了孩子成长的关键期和敏感期，其后果是不堪设想的。家庭教育塑造了孩子的性格，性格定型之后再去改变孩子是很难的。

除了在孩子的成长关键时期需要掌握科学的育儿知识外，在日常的教育中，家长也要避免因为无知给孩子造成伤害。俗话说："没有教不好的孩子，只有不会教管的家长。"许多家长不够重视孩子的早期教育和家庭教育，从而酿成了许多社会悲剧。

一档法制节目曾经报道一对夫妻发生争执，妻子带着孩子夜寻丈夫，结果在大街上便大打出手，孩子情急之下拿出水果刀捅了父亲一刀，导致父亲在自己面前死去。

母亲后悔不该在孩子面前把矛盾激化，更不该带着孩子去寻找丈夫。因为对教育的无知而让自己的孩子锒铛入狱，可是悔之已晚矣。

特别提示

家庭教育所承担的责任超过其他教育形式。而作为教育主角的妈妈们更应该有科学育儿的意识，多学习了解一些较专业的知识，不能因错失了早教和家庭教育的关键时机，而耽误了孩子。家庭教育是一项贯穿孩子成长的大事，千万马虎和大意不得，更不能"无知者无畏"。

确定好培养孩子的目标

很多妈妈在面对这样的问题时困惑了。她们也许阅读了大量的教育书籍，却依然在教育目的上感到迷茫。她们害怕一点点的偏离就会给孩子造成不良影响。很多妈妈简单地认为听话、成绩好、出人头地就是优秀的标准，只有这样孩子才能成功，才有光明的前途。

听话的孩子就是好孩子吗？一般意义上的"听话"就是顺从，家长、老师让干什么就干什么，让怎么干就怎么干。这种方式下教育出来的孩子往往缺乏创造力，缺少独立思考能力，或许将来连谋生的能力都没有，至少是谋生能力不强。所以，听话的孩子不见得就是好孩子。

成绩好就一定是好孩子吗？当然不是。很多成绩好的孩子因为在激烈的竞争下变得压力巨大，脆弱的自尊心受不得丝毫挫败，有因抑郁而导致自杀的，因嫉妒同学的学习成绩而导致犯下不可饶恕的罪行的，许多因为成绩而引发的血案屡见报端。成绩好只能是智商或者学习能力的一个考量，而不是一个人综合实力的表现。

出人头地就算是成功吗？浮躁的社会让每个人都变得如此急功近利。大量家长把金钱的多少和地位的高低作为培养孩子的目标，导致培养孩子时出现重智商而轻情商、重分数而轻能力、重效果而轻过程等不好的现象。孩子在这样的社会环境下学习成长，等他们真正走上社会去打拼的时候，大部分人将都不能适应社会，变得眼高手低，太自我而缺少团队精神。

我们不应该以工厂生产模具的方式来培养孩子，因为每一个孩子都是不同的。从这个意义上讲，我们为某个目标培养孩子是无从谈起的。但从人的成长而言，教育的目的又应该是一致的。孩子长大成人一些不可或缺的基本教育方向应该是高度一致的，那就是——培养孩子独立的人格、正确的价值观以及良好的心态。

1. 独立人格的培养

是培养"听话""乖巧"的孩子，还是培养有创造力、有想象力、有主见、有胆识的孩子？每个孩子都是独立的个体，独立的人格是培养孩子长大成人的第一要务。传统教育不太注重培养孩子的独立人格，认为"孩子什么也不懂"，大家把孩子当成了私有财产，认为孩子是自己生养照顾的，所以应该从属于自己，应该听话乖巧。那么，这样教育出来的孩子将会永远没有做一个独立的"人"的概念，无论到哪里都需要找到自己从属的对象，属于永远也长不大的人。有个性的孩子，总免不了磕磕碰碰，出点事故或者造成一些麻烦，一些爱鼓捣的孩子还常常会把器具搞坏，对此，家长、老师要宽容谅解，因势利导，而不必大惊小怪，更不应呵斥打骂。

2. 正确价值观的培养

中国教育体制最大的问题之一是"价值观教育的缺失"，这是值得我们思考的一个问题。

你的孩子也许会对你说："妈妈，我长大后要当清洁工。"这是他此时的价值观，他认为清洁工可以让环境更美好。大部分妈妈会说："当什么清洁工，没出息！"这样你就影响了孩子价值观的建立，这个时候你可以因势利导："清洁工是美化环境的魔术师，可是你连自己都不清洁，怎么美化环境呢？先养成自我清洁的好习惯吧。"这样你就帮孩子建立起了良好的卫生习惯。没过几天，孩子可能又对你说："妈妈，我不想当清洁工，我想去当交警！"他可能认为当交警能够让交通畅通，是个很有成就感的事情，这是他新建立的价值观，而妈妈如果说："当交警多苦多累啊！你要去当老师。"这样你又影响了孩子价值观的建立。孩子会因为你说的受苦受累而歧视某一类职业，进而歧视从事这个岗位的人。价值观一旦确立就很难改变，因此，从孩子懂事到孩子进入青春期这个时间段是培养孩子价值观的最好时期，妈妈们要抓住这个时机。

3. 良好心态的培养

角度不同，心态不同，所产生的结果也会不一样。良好的心态能够帮助孩子在困境中勇敢积极地面对问题、分析问题、解决问题。培养孩子良好的心态，就如同赋予种子一颗成长的心，只有努力向上才能见到阳光。要时刻警惕孩子低落的情绪，以及受挫后的心理。要想让孩子自信勇敢地面对生活以及未来的社会竞争，就要从小培养他们良好的心态。

优秀的教育正如陶行知先生所言："解放孩子们的手，让他们尽情去玩；解放孩子们的脚，让他们到处去跑；解放孩子们的脑，让他们自由去想；解放孩子们的嘴，让孩子们随意去唱去说。还孩子一个愉快幸福的童年，发展孩子自由自在的天性。"让孩子在正确价值观的指引下，拥有独立的人格，面对困难的时候有良好的心态，从而培养一个身心健康的孩子。

孩子的未来完全取决于你

妈妈是孩子的第一任老师，也是最重要的老师，这个"老师"的身份终生不变。家庭教育直接影响孩子的未来。

童童急着喝水，手刚碰到玻璃杯，就缩了回去，眼泪还在眼眶里打起转来，她被水烫着了。童童先是低低呜咽，后来索性大哭起来。有的家长遇到这样的情况，就训斥孩子："不是早就告诉你水是烫的吗，怎么还碰！"如果你是这样教育孩子的，那孩子今后只会变得唯唯诺诺，言听计从。还有一些家长会安抚孩子别哭，并帮着把开水弄凉，受到这种教育的孩子会变得更加依赖家长，并且在依赖的同时还可能变得衣来伸手饭来张口。

童童的妈妈选择了另外一种方式，她并没有急着去安抚哭泣的童童，而是把问题转向了思考："你平常很会动脑筋，有什么办法能让水凉下来呢？"童童停止了哭闹并思索起来。童童妈妈继续启发说："冬天，水是怎么变凉的呢？"童童回答："天气冷就变凉了。我们往杯子里放冰块吧！"接着孩子又找到了很多更好的办法：用小勺子搅拌散热，用风扇吹……聪明的妈妈，让宝宝养成了爱思考的习惯，而不是遇到问题就哭鼻子。

对孩子而言，家长的一举一动都是教育，都在时时刻刻影响着孩子，而且很多是在家长没有意识到的时候。如果一个孩子生活在批评之中，他就学会了怨天尤人；如果一个孩子生活在敌对之中，他就学会了嫉妒好斗；如果一个孩子生活在忧虑之中，他就学会了恐惧退缩；如果一个孩子生活在讽刺之中，他就学会了害羞自卑；如果一个孩子生活在耻辱之中，他就学会了负罪感。

反之，如果一个孩子生活在鼓励之中，他就学会了自信；如果一个孩子生活在忍耐之中，他就学会了耐心；如果一个孩子生活在表扬之中，他就学会了感激；如果一个孩子生活在接受之中，他就学会了爱；如果一个孩子生活在认可之中，他就学会了自爱；如果一个孩子生活在承认之中，他就学会了要有一个目标；如果一个孩子生活在分享之中，他就学会了慷慨；如果一个孩子生活在诚实和正直之中，他就学会了什么是真理和公正；如果一个孩子生活在安全之中，他就学会了相信自己和周围的人；如果一个孩子生活在友爱之中，他就学会了这世界是生活的好地方；如果一个孩子生活在真诚之中，他就会头脑平静地生活。

高尔基说："对待孩子，我们所做的一切都要向他负责。"对子女的教育永远是每个家庭的头等大事，尤其是母亲的教育责任是任何人不可替代的。每个母亲都是在教育子女的过程中不断地摸索、总结经验，渐渐地把自己锻炼成"教育专家"的。

那么，怎么才可以教育出优秀的孩子呢？言传身教是不可或缺的。家长应在与孩子的交流、沟通、尊重中慢慢地引导孩子，让他知道什么是正确或错误的，正所谓"爱之以诚，动之以情，晓之以理，授之以渔，观之以行"。

一个人从小到大的成长历程主要是由他的母亲伴随着的，那么，母亲的一切，包括母亲的形象、母亲的做人原则、母亲的思想都会在不知不觉中影响着孩子，孩子就是妈妈生活的缩影。妈妈们，反思一下，你们的孩子是在何种环境中长大的呢？

孩子在 0 ~ 6 岁的阶段是人生的起跑阶段，这一阶段的孩子可塑性非常大，妈妈们对孩子的教育是把他引向美好，步步为营；还是引向错误，步步糟糕？孩子的未来全掌握在你的手中。只有做好基础工作，才能够让孩子的未来更美好。

对幼儿的教导就是一切都得教，一切都得耐心教。最终使他们学会认知、学会做事、学会相处、学会生存。为此，母亲需要付出大量的时间和精力，同时还要有足够的爱心、耐心和信心。为了孩子的美好未来，以下两点妈妈都要做好。

1. 要创造和谐的家庭环境

妈妈是家庭环境和谐的主要力量。好的妈妈可以调剂和圆融家庭中各种关系和矛盾，让宝宝生活在一个和谐温暖的环境中。而这样的环境只需要妈妈们举手投足稍稍改变，就可以让孩子的成长畅通无阻。家长之间统一的教育理念和教育思想也是家庭环境的一方面。为了孩子的成长家长要形成对教育思想的共识，保证孩子在一贯一致的教育下成长。

2. 要以爱心和信心作为动力

爱孩子是父母的本能，但这种爱不是溺爱也不是宠爱，而是关爱，即给予孩子适度的爱。在布满爱的环境中，孩子才能形成健全的人格。孩子的成长是一个长久的过程，而一个人的潜能是无限的，关键在于如何挖掘。因此，妈妈要有足够的耐心和信心来帮助孩子开发潜能，共同成长。

妈妈是孩子的启蒙老师

妈妈不仅给予孩子生命，用甘甜的乳汁哺育孩子成长，更是在每时每刻影响着孩子的心灵，妈妈从孩子出生就担负着指导的角色，告诉孩子在哪里、是谁关照他们的饮食起居，妈妈是孩子天生的指导老师。

很多妈妈认为家庭教育是一项需要大量学习和专业钻研的事情，其实真正的教育并不是在闭门修炼中得到的，更不是熟读某一个专家教授的"研究报告"就能得到一劳永逸的育儿真传。其实，教育就在身边，来自生活，生活中处处都有教育。妈妈们要自信，不要因为自己不是教育专家教育起孩子时就手足无措，其实没有比妈妈更好的老师了，你只需要用细心和勤学的精神抚养你的孩子，你就是最好的育儿老师。

让孩子在爱中成长

孩子天生对妈妈有依赖。感受到母爱的孩子会感到安全。而没有母爱的孩子则会不安、恐惧。因此，当妈妈和孩子在一起的时候，要用爱来呵护孩子的成长，保持良好的沟通和愉悦的心情，通过语言、肢体传递对孩子的呵护，让孩子在第一时间感受到来自你的温暖。

比如，宝宝刚刚睡醒还未找到你的气息，四处搜寻的时候，你要轻轻俯身在他身边告诉他："宝贝，妈妈在这。睡醒了吗？伸伸胳膊伸伸腿！"这时宝宝在你的逗乐中快乐地开始了新的一天，也开心地舒展着自己。而如果宝宝醒来时四下无人就会开始哭闹，那是因为他缺少安全感，而这种安全感只有妈妈才能给，此时，妈妈一个温暖的拥抱就是宝宝最好的保护。

细心地通过点点滴滴教给孩子小知识。生活中的言传身教远远比从书本上读到的知识更加让宝宝受用。而这些生活经验的累积则要靠细心的妈妈从点点滴滴中慢慢传授给孩子。

齐齐生病了，躺在床上望着外面灿烂的阳光发呆。妈妈告诉齐齐，如果起来吃药的话，第二天就可以出去和小朋友一起玩了。齐齐在妈妈的帮助下找到了感冒药。妈妈告诉齐齐感冒药的名字，并且重复读了几遍，还告诉齐齐上面有小娃娃图像的是齐齐喝的药，没有小娃娃图像的是大人喝的药。如此教导下，齐齐再吃药的时候，已经可以自己分辨出属于自己的小药方了。

不过，齐齐因为急着喝药，准备拿起桌上的红茶饮料送药。妈妈看到了急忙叫停。齐齐疑惑地问妈妈："妈妈我拿错药了吗？"妈妈摇摇头，然后让齐齐放下红茶饮料。她告诉齐齐喝药的时候要用温水服用，这样才能让药效发挥得更好，药丸战士们才能更好地使用自己的装备和坏病毒打仗！

齐齐恍然大悟，点了点头，自己去倒温开水喝药了。

妈妈在自己的举手投足中就可以让孩子了解到一些生活的常识，可是有的妈妈忽略了这些点滴教育的好时机，而改为全部为孩子代劳，这是非常令人遗憾的事情。

如果妈妈能够了解更多的育儿知识，更多地和孩子沟通，来了解孩子真正的需求，那么成为一个称职合格的好老师也是指日可待的事情。其中，勤学多看是关键。多学习了解一些理论知识丰富育儿常识，多观察孩子的生活细节，了解孩子的心理变化和生理变化，通过学习观察，让自己慢慢变成一位合格的老师和妈妈。

妈妈在接送孩子的间隙应多了解老师对孩子的期望以及老师的一些专业性建议。回家的路上，几分钟的时间就可以和孩子谈心，多问问孩子学校都发生了什么有趣的事情，今天又有什么开心和难忘的事情，一起讨论讨论孩子的同班同学，及时纠正和引导孩子对待人和事物上的偏见和误解。在谈话沟通中完成对孩子思想的深耕。

妈妈直接影响到孩子的性格

韩国心理学女博士张有敬研究发现：孩子如同妈妈的一面镜子，看到孩子就能看出妈妈的状态，妈妈对孩子有着非常巨大的影响。如果孩子过于内向，他的妈妈往往也是内向型的；如果孩子活泼开朗，他的妈妈往往也善于交际；如果孩子缺乏自信，那么十之八九是妈妈的严厉管制造成的。

你在孩子面前展现你性格的哪一方面，你的孩子就会选择你的哪一方面作为他人格脾性的底子。你是什么样的妈妈，孩子的成长就将受到什么样的影响。妈妈性格不同会影响孩子人格魅力的形成，以下列出常见的几种好性格的妈妈给宝宝带来的好处，让我们按照以下的标准要求自己成为一个好妈妈，也给孩子带来一个美好的前程吧。

1. 坚强的母亲让孩子变得勇敢

妈妈生病了，豆豆看着妈妈脑袋上冒出豆大的汗珠，捂着肚子很疼的样子，也跟着感到痛苦起来。豆豆哭着不要妈妈去医院，因为豆豆看到医院的护士阿姨给小朋友打针，小朋友们都哭得呼天抢地的，她不想让妈妈受这样的苦。妈妈说："豆豆，今天跟妈妈一起去医院看看，因为只有医生才能治好妈妈的病，不然妈妈会更疼的。"

豆豆点点头，和妈妈一起来到了医院，医生给妈妈开了药方，还要输液治疗。妈妈把头上的汗擦干，告诉豆豆："豆豆，你看，护士阿姨要给妈妈输液了，妈妈一点儿也不怕疼，豆豆也不哭，好吗？"豆豆躲在妈妈身后看护士阿姨把细细的针头插到妈妈的血管里……不由得"呀"了一声，妈妈用另一只手摸摸豆豆的脑袋说："看，妈妈没哭吧，而且就那么一下就好了！"豆豆笑了，点点头说："妈妈，我以后也不怕打针啦！那些打针的小朋友真是爱哭鬼呀！"

有时候其实孩子还没有害怕的意识，不要因为自己之前有不好的经验就影响孩子对事物的认知，给孩子造成不必要的恐慌。有的妈妈害怕昆虫，看到宝宝在观察小虫子，就先大喊大叫起来，把孩子也给吓哭了，以后孩子再也不敢去看小虫子了，因为恐惧的种子已经被妈妈的那一声大叫种在了心里。勇敢的妈妈会让孩子变得有勇气，妈妈们不妨从改变自己的胆小和谨小慎微做起。

2. 善良的母亲教会孩子同情心

比尔·盖茨就曾说过，自己在母亲那里得到的是"虔诚和善良"，从他对全世界贫困地区的大量捐款上，就可以看到母亲对他的影响。

卿卿的妈妈是一名护士，有一次卿卿和妈妈去爬黄山，遇到了一位迷路的外地阿姨向他们问路。卿卿的妈妈热心地告诉阿姨地址，还把手中的地图给了那位阿姨，然后又告诉阿姨哪里能打到车。可那位阿姨仍旧满脸愁态，心里没有底。卿卿妈妈见了，就说："跟我们走吧，我送你出山。"妈妈把那位阿姨一直送上车。这样的妈妈带给卿卿的是关心别人、乐于助人的一面，卿卿和妈妈走在路上遇到过马路的阿婆都会要求和妈妈一起送阿婆过马路，卿卿在幼儿园看到小朋友们有困难的时候，也热心地奉献出自己的力量来帮助身边的人。

如今最可怕的就是对他人痛苦的视而不见。"悲天悯人"的情怀虽然由后天的修养与教育形成，但是它仍然是来源于母亲的善良根基。

3. 冷静的母亲让孩子遇事不慌张

在很多文学作品或者是影片宣传中，我们大多数情况下看到的是遇到灾难时的母亲不是号啕大哭就是绝望得想要自杀，然而在现实生活中，一个遇到问题能冷静处理的妈妈足以给孩子支持的力量，让孩子变得安静并顺利解决问题。

奇奇吃鱼的时候不小心被鱼刺扎到了喉咙，痛得大哭起来。很多妈妈遇到这样的事情时自己先乱了阵脚，不仅不能解决孩子的疼痛，甚至可能因为拖延时间而给孩子造成更大的伤害。

奇奇妈妈先安抚奇奇说："奇奇，这不是什么大事情，妈妈有时候也会被鱼刺刺到。"尽管奇奇妈妈也十分着急，但是她能够保持冷静给孩子一个平静的情绪，从而让奇奇感觉到自己是安全的。

奇奇很听话地张开嘴给妈妈看喉咙，结果妈妈通过手电筒看到了一根小刺就在口腔内膜的表皮上。妈妈通过镊子顺利取出了小刺。在这过程中，奇奇和妈妈配合得相当默契。

而这样的冷静也会让奇奇在今后遇到紧急的事情时变得冷静、不慌张，面对问题也会正确处理问题而不是手忙脚乱。

4. 有修养的母亲熏陶孩子的气质

一个人的气质源于平常的耳濡目染。而大多数人的修养还是从母亲那里点点滴滴"浇灌"而形成的。母亲爱读书，孩子自然就会上行下效；母亲喜欢艺术，孩子自然就会懂得一些文艺门道；母亲彬彬有礼，孩子自然就会谦虚有礼……

著名指挥家汤沐海的母亲蓝为洁女士就特别重视孩子的修养，汤沐海成为世界级的指挥家，绝不单单是他的艺术造诣所决定的，还有他的修养。西方人很欣赏汤沐海的高雅修养，他们认为这些肯定来源于蓝为洁女士对孩子的影响。有什么样的妈妈就有什么样的孩子。你是霹雳妈妈一样的火爆脾气吗？那么就从现在开始改变自己的坏脾气吧！如果你不想孩子也是个火爆脾气小孩的话。如果你是个领导型的妈妈，一定要注意给孩子一定的自由选择空间，而不要让孩子成为家长制权威下的牺牲品。你是个物质妈妈吗？是否每天只盯着奢华漂亮的衣服？那么尽量收起你的物质心，还给宝宝一个真善美的妈妈。你是个口水和保姆妈妈吗？小心把孩子惯养成一个小唠叨婆。

妈妈们，为了孩子从现在开始改变自己吧。

你了解自己的孩子吗？

要教育好一个孩子，必须充分了解各个年龄阶段孩子的心理和生理发育情况，不能以大人的思维和无幼教意识的思维去教育孩子，应该在孩子的每一个阶段及时开发他的潜能，在生活上的每一个细节注重养成孩子的好习惯和好性格。

为什么孩子总是在哭？为什么孩子总是不分场合地耍赖让妈妈难堪？孩子的注意力为什么难以集中？……你了解你的孩子吗？他们心里都在想些什么呢？你会不会因为他不小心把东西掉在地上而大声斥责他？送孩子去幼儿园，为什么他拖着你的手不肯走？为什么他扒着栏杆撕心裂肺地哭着喊妈妈？当孩子对着你深情高喊"妈妈再见"的时候，你却仍然蹙着眉头朝他嚷嚷："怎么又驼背了，快把胸挺直！"对吗？

孩子在什么时间热爱什么样的事物完全由其内在的精神计划决定，这种热爱使他完全忘我地探索着在环境中注意到的一切事物，这种爱会使儿童将内在的力量和注意力集中到所热爱的事物上去，只有这样，儿童才能专注于一项事物进行探索和研究，不会见异思迁地把注意力和力量分散在若干事物上。

以成长机制中的"敏感期"为例——它是自然赋予儿童的生命助力，包括许多个阶段，如秩序敏感期、口的敏感期、手的敏感期、腿的敏感期、语言敏感期、执拗敏感期、完美敏感期、文化敏感期、社会认知敏感期等。

当孩子进入敏感期时，他的内心会有一股无法遏止的动力驱使他对感兴趣的特定事物进行尝试或学习，并拼命吸收所关注的事物的知识，这个时期被教育家认为是学习的关键期。如果孩子敏感期的内在需求受到妨碍，就会丧失学习的最佳时机，日后若想再进行学习，不仅要付出更大的心力和时间，学习的效果也不会理想。

孩子的行动能力和语言能力的形成都有敏感期，下面我们搜集了一些关于各个年龄段孩子开始领悟的一些能力，做妈妈的要抓住这些关键时段对孩子进行有针对性的培养。不妨从孩子的行动能力发展细节入手：

1. 孩子一到六岁的行动能力发展细节

一岁：可以抬头，翻身，坐稳，扶着东西站立，自己可以爬。

二岁：可以独立走几步，可以站稳，在帮助下可以上楼梯，能踢球。会扭转门把手，会搅拌东西。能垒4块积木和剪东西。

三岁：可以下楼梯，能在协助下单脚跨步上楼梯，可以骑小三轮车。能垒8块积木。可以模仿画圈和线。

四岁：能做前滚翻，走平衡木。会描线条，画十字，折叠纸张。

五岁：可以走直线，会把信纸放到信封里。

六岁：可以在12秒内走完45米，单脚站立12秒。会画正方形，用扫把扫地。

2. 孩子两个月到六岁的语言能力发展细节

两个月：对声音有反应。

三个月：会发出咕噜咕噜的声音，能笑。

四个月：会高兴地尖叫。

五个月：会将头转向声源。

六个月：会用眼睛注视发声的地方。

七个月：会连续发出两个声音。

一岁：可以模仿说单字。

二岁：会看图说出几种物品的名字，会使用名词的单位。会说所有格的东西，例如：我的，他的。

三岁：会说出一些短句子，会正确使用一些代名词。会口头传达一些短句。会说自己的姓名。

四岁：了解冷、热、饿的意思，数数可以到10以上。可以分出方位指示。能明了上、下、左、右的方位意思。可以指出三种颜色。

五岁：能说出口、眼等器官的功能，会说出某个熟悉地方的走法。会比较物件的大小。相反词中可以说出两个。可以以自己为主分清左右，能数到100以上的数字，能口头传达两件事物。

六岁：可以正确说出今天的日期、星期。能看图说故事。

看到上面这么多成长细节，妈妈们是不是已经开始反思自己到底对孩子了解多少呢？当然，这些行为特点家长没有必要一条一条都对号入座，这些特点出现的迟早是因人而异的，基本符合就说明我们的孩子是正常的，如果有的地方没有做到，可以特意加强孩子这方面的学习和教育。

正确地教育孩子

很多妈妈对教育的认识片面极端，采用了错误的教育方式，从而带来了很多弊病。以下几点错误认知做妈妈的要特别注意。

1. 认为孩子容量无限

就是按照神童的模式塑造孩子，孩子刚刚牙牙学语，就马上教他们认字、背诗、学算术，这样训练一段时间后，与同龄儿童相比较，经过训练的儿童确实比未经训练的儿童掌握了更多的具体知识，但这些经过训练的儿童在七岁之后就会开始对学习产生厌烦情绪。有些孩子在小学的时候成绩极其优异，但升入初中之后无论怎样用功都学不好。还有的神童虽然小小年纪就提前进入大学，但其心理状态远没有发展成熟，因而无法享受正常生活带来的幸福，终生痛苦不堪。

2. 认为孩子是一张白纸

这种认知容易剥夺孩子自我学习的机会，把自己的计划全盘植入孩子生活，容易将孩子从自我学习中拉出，造成孩子厌学的后果；孩子失去创造自己精神发展的最佳时机，内在的各项发展领域不能获得统合，就会造成孩子单向发展，或者心理扭曲的后果。

3. 教育方式过于极端

很多妈妈把孩子当宠物倍加宠爱甚至是溺爱，使孩子变得衣来伸手饭来张口，没有独立生活的能力。有的妈妈却认为孩子是麻烦，不管不问。有的妈妈则把孩子当上帝对待，即使是天上的星星也要给他摘下来。这些教育方式显然是不科学的。

妈妈们要跳出错误教育的藩篱，真正地去俯身倾听和了解孩子。和孩子一起锻炼，一起聊天，做孩子的知心朋友，帮助他们分担苦恼并解决问题。

妈妈是孩子学习的对象

苏联著名教育家马可连柯曾经讲过："一个家长对自己的要求，一个家长对自己家庭的尊重，一个家长对自己每一行为举止的注重，就是对子女最首要的，也是最重要的教育方法。"这也说明，父母是孩子最直接、最具体的榜样。

星期天亮亮的妈妈带亮亮去医院看眼睛。周末的大街熙熙攘攘，他们来到一个大的十字路口的红绿灯下。这个路口是交通要道，行人和车辆比较多。远远看见是绿灯，亮亮妈妈便拉着孩子的手加快脚步，准备在变红灯之前赶过去，但还是晚了一步，走到路口时已经变成红灯了。但是好多行人好像都没有注意到红灯，还是在马路上穿行，看来大人对这种现象已习以为常了。这时亮亮仰起头问妈妈："妈妈，叔叔阿姨都过马路，你怎么拉着我不让我过呀？""现在是红灯，要等一等呀！这样警察叔叔才会夸亮亮是好孩子！"妈妈用自己的行动告诉亮亮要遵守交通规则，而儿子也把妈妈当作榜样，在一旁点点头说："我以后要遵守交通规则，不乱闯红绿灯！"

孩子的目光就像永不停息的雷达一样全天候地注视、跟踪着妈妈的一言一行。虽然有时候他会对你的一些行为不理解，却会将它们完整地记录下来成为自己今后人生的资料库。所以我们应该意识到自己的一举一动都是在教育、影响着孩子。作为妈妈，我们的行为改变一点点，孩子的未来就将改变许多！

有时候孩子对一些事物的理解出现动摇和偏差的时候，妈妈的一个指导就会成为孩子一个效仿和学习的靶子，这时，孩子的价值观、对事物对错的判断力也在逐渐形成。很多妈妈对自己"榜样的力量"深有感触。

青青妈妈带她去公园玩耍。春天花红柳绿，吸引了不少人带着孩子来此游玩，并且拍照留影。这时，一个很漂亮的妈妈带着女儿前来拍照，为了取景好看，她随手摘下一枝花让孩子捧在手上。

"妈妈，她们怎么摘花，儿歌上不是说：花儿好看我不摘吗？摘了，花就不好看了，花就死了。"青青很有些不解。

"是的，花是不能摘的，大家都来摘，到最后就没有花欣赏了。她们摘花是不文明的行为。"

如果此时我们忽略了指导和以身作则，就会让孩子在日后依葫芦画瓢地效仿这种不良行为。

一个妈妈有个3岁多的儿子酷爱看电视，只要是醒来就要闹着看，无论是电视剧还是儿童节目他都看得津津有味，有时会看到晚上十二点多。妈妈对此大为伤脑筋，打过，骂过，不起任何作用。有朋友建议说把电视拿走，大家都不看。可这位妈妈却说："不看电视怎么行，那晚上干什么呀？"家长自己都无法约束自己的不良行为，难道还指望一个孩子有自控力吗？如今的电视节目良莠不齐，在这样环境中泡大的孩子，能有一个良好的性格吗？果不其然，这位妈妈透露说她的儿子是一个性格非常暴躁的孩子。

妈妈要给孩子树立好榜样

现在的许多妈妈虽然知道自己是孩子的第一任老师，也都懂得"榜样的力量是无穷的",但是怎么给孩子当好第一任老师，给孩子树立一个好的榜样呢?

1. 明确好的行为和不好的行为

幼儿时期孩子认知判断的第一来源是妈妈，这时期的孩子在妈妈的教育影响下能初步掌握简单的行为规则和对人对事好与坏、美与丑的评价，开始知道什么是好的，什么是坏的，但这些好坏的判断均来自于妈妈的标准。

在日常生活中，当孩子表现出良好行为或动作时，妈妈要说"乖""好"以示鼓励，对不好的行为方式要用"不乖""不好""不行"来否定和制止。久而久之孩子就会知道什么该做、什么不能做，从而培养起初步的行为准则。如果妈妈对孩子的行为不闻不问，尤其对孩子的不良行为没有一个准确的制止行为，孩子就不能明白所做的行为是不良的。

2. 模仿是孩子的本能，要做好榜样

孩子们拥有的最强有力的学习工具是吸收和模仿他们身边所见所闻的事情。模仿是幼儿学习的主要方式，当孩子能模仿大人扫地抹桌时，他也会模仿大人其他的行为方式，如语言、生活习惯和待人接物处理问题的方法。由于孩子的能力有限，他们的模仿是没有选择性的，妈妈的一些坏习惯、不文明语言，甚至不良行为都可能被孩子效仿。因此妈妈首先要学习改变自己的行为举止，做出好的表率。

3. 自己犯错时，要及时道歉

如果因为自己的失误或错误让孩子接收了错误的信号，要及时弥补这种反面教材带来的危害，妈妈要为自己的错误道歉，并改正自己的行为，为孩子们树立一个最好的榜样。妈妈做错

事要说："对不起，我不该朝你发火。"或者说："对不起，我今天很不开心。"这样可以从一个高层次来教育孩子：每个人都会犯错误，但可以以诚挚的道歉来弥补错误。

孩子出生以后，首先接触的是父母及其他家庭成员，他最初形成的行为习惯几乎都是从模仿妈妈而来的。在孩子的成长过程中，妈妈与其接触最早、最多，时间也最长，因而是孩子学习的最直接、最具体的榜样。妈妈的一言一行犹如一本没有文字的教科书，潜移默化地影响着孩子。在孩子面前，妈妈的思想品德和生活小节都不再是小事。要教育孩子具有较高的社会公德，家长自己就要努力成为这样的人。正如俄国伟大的文学家托尔斯泰所说："教育孩子的实质在于教育自己，而自我教育则是父母影响孩子最有力的方法。"

妈妈笑一笑，孩子生活好

微笑，是大自然赋予人类所独有的最奇妙的表情。一个微笑可以点燃灵感的火花，一个微笑可以催开希望的嫩芽！妈妈的微笑永远是最能让孩子感受到温暖的表情。好妈妈要多用微笑在孩子心田里播种下阳光，让他一辈子有温暖和希望在前方引路。

周丽已经一天板着脸了，公司里的事情一大堆，会计账务不熟悉，研发进度也没跟上，回来的时候，车还被贴条了，真是诸事不顺。吃过晚饭，周丽又一声不吭地去洗碗、擦地，女儿看着妈妈不高兴的样子，独自一个人在客厅看电视。

为了逗妈妈开心，女儿把电视调到了正播放着相声的娱乐频道，希望妈妈听到了能开心。结果妈妈不但没有听到笑点，还嫌电视声音太大了："希希，把电视声音调小点！"一声呵斥，让希希不禁抖了一下。

看着妈妈辛苦地擦地，希希也过来帮忙，她把毛巾泡到水池里，因为力气小毛巾上的水没拧干，水滴滴答答地沿着卫生间一直滴到客厅。希希慌忙想把水擦干净，拿起另一条干毛巾就趴在地上擦，妈妈看到后"呀"了一声说道："你这是怎么搞的！我刚擦的地！"女儿被吓住了，眼角泛出了泪花，小嘴张了几下怯怯地说了一句："妈妈，我想帮你的忙，让你开心，我喜欢看你笑的样子。"

周丽一下子愣住了，想想自己因为公司和别的琐事生闷气，还把这种不好的情绪传给了女儿，最遗憾的是，明明是女儿好心帮忙，却被她误会成是捣乱。她放下手里的活计，平复了一下自己的情绪对希希说："妈妈错了，妈妈最近烦恼比较多，所以变得不开心了。谢谢希希那么努力地哄妈妈开心！"说完还给希希扮了一个大大的笑脸，希希也跟着拍手乐起来。

你有多久没有微笑了？你有多久没有对孩子微笑了？大人整天被烦恼牵绊着，却没有想过，孩子还小，他不仅需要我们的鼓励，还需要我们的宠爱，需要我们全心全意每时每刻地关爱。而这份关爱在孩子的心里有时候仅仅是一个微笑就够了。

小宝自己拿着盒装的牛奶要喝，结果一捏盒子，顺着吸管洒了一大片在桌子上。他赶紧叫道："妈妈，我不小心洒了牛奶。""没关系，这些牛奶虽然洒出来了，但是也不会浪费，咱们可以用牛奶洗脸，很保养皮肤呢。"于是，小宝妈和小宝你往我脸上涂一些，我往你脸上涂一些，开心不已。

成为一名爱笑的妈妈，为孩子创造一个温暖、健康的成长环境，在一点一滴的生活细节中渗透你的爱，是有一些方法可以借鉴的。

1. 每天练习一个微笑的笑脸

每天起床对着镜子练习一个微笑的笑脸：嘴角向上弯曲，眼睛眯成一个向下弯的月牙，多么简单！清洗完脸庞，再轻轻地把这个微笑保持、传递，送给即将睡醒的宝贝。

2. 学会寻找快乐源

为什么有些妈妈不爱笑了？最常见的原因是工作累、压力大。工作、家务、教育孩子这些做不完的活让人忙得精疲力竭，人在累时容易失去耐心，自然就笑不出来。现在社会竞争这么激烈，把自己的孩子和别人的孩子一比较，结果总是笑不出来，担心孩子不如人。而当妈妈失去笑容时，孩子的心情也会受到影响，他会以为自己做错了事情惹妈妈生气了，因而变得紧张、敏感。

3. 远离坏脾气

人无完人，妈妈一时的情绪起伏，自然是正常的，不必过于责备自己。但千万不要让坏脾气成为习惯。父母害怕失败，不容许子女有任何差错，看到孩子逆自己的意，立即往坏处想，这种方法不但不能激发子女的斗志，反而会产生负面的催眠作用，孩子听得多了，不自觉中就相信了自己是一个没用的人，态度就会变得更加散漫消极。

4. 用积极代替消极

与其用恐吓孩子的方法去提醒他们如果不合作坏事必然发生，不如叮嘱孩子加速去努力完成工作，好的事情必然发生。"快吃多点蔬菜，你的身体会更强壮。""只要专心学习，你一定会进步。"孩子在长期积极乐观的催眠下，对人生也会乐观进取。

在竞争激烈的世界中，仍可拥有一颗欢乐的心，当孩子尽力而为时就为他拍拍手，给他一些鼓励和肯定。

5. 建立自己的快乐群

没有一个女人那么能干，可以一个人解决所有的问题。你需要建立自己的支持系统，不是一个人在支持你，而是一个系统。像一棵树一样，有非常庞大的枝系，这些枝系包括你的亲属、你的朋友、你的同事，甚至小区里的妈妈群，用心创造和睦、快乐的氛围，善于从中学习，从枝系中获取营养。你用心的程度深就会被大家记住，在你需要的时候，才能获得大家的帮助，和你并肩解决问题，给你良好的心情。

妈妈有风度，孩子才能有高度

风度的外在表现就是行为举止。包括手势、坐姿、站姿、走姿等，这些动态的美是风度的具体体现。在某种意义上，母亲的言行举止对孩子的影响绝不亚于口头语言所发挥的作用。

风度是一种忘我的境界，在这个境界中，你自然、朴实无华的举止会处处流露出高雅。有风度的举止，是利用外在的一举一动来传达我们内心对别人的尊重和影响力的一种方式，它源于对事理、人情的通达。一个人的行为举止、风度仪表是展现他外在影响力的主要方式之一。一个注意自己言行举止的妈妈显示了她内在的风度与气质。而有风度的妈妈将会在与孩子的日常接触和相处中默默地把这一好品质传递给孩子。此外，风度的培养来自于不断实践和观察，就像其他的良好习惯一样，要想把子女也培养成有风度有影响力的人，妈妈们首先要不断地实践。

一个有风度的妈妈端正的行为举止，是对孩子最好的"身教"，能让孩子养成有风度的行为举止。那么妈妈怎样才算是有风度呢？到底怎样做才是有风度的举止呢？

1. 站立时的挺拔

站立时，要抬头挺胸收腹，双目平视前方，身体立直，两肩舒展，双臂自然下垂，两手可交叉在腹前，也可以把右手放在左手上。在非正式社交场合，亦可把手背在身后。站立时，不要东倒西歪或弓腰驼背，不要耸肩或一肩高、一肩低。站着与人交谈时，不要把手插在裤袋里或叉在腰间。站姿可采用靠墙训练法：后脑勺、双肩、臀部、小腿及脚后跟都紧贴墙壁，也可两人一组，背靠背站立。

2. 坐下时的端正

是指坐姿要端正。人的正常坐姿，在其身后没有任何依靠时，上身应挺直稍向前倾，肩平正，两臂贴身自然下垂，两手随意放在自己腿上，两腿间距与肩宽大致相等，两脚自然着地。在正式社交场合，背后有依靠时也不能随意地把头向后仰靠，显出很懒散的样子，这就是我们常说的"坐如钟"。坐的姿势除了要保持腿部的美以外，背部也要挺直，不要像驼背一样，弯胸曲背。如座位两边有扶手，不要把两手都放在两边的扶手上，给人以老气横秋的感觉，而应轻松自然、落落大方，如此才能显得彬彬有礼。

3. 走路时的稳健

走姿往往可以显示出一个人的身体状况、精神风貌和性格。正确的走姿是：抬头挺胸，两眼平视，步幅和步位合乎标准，讲究步韵。走路时应挺直身板，自然地摆动双臂，前后摆动的幅度在 45° 左右，不要摇头晃肩和左右摆动双臂，也不要有意扭动臀部。训练走姿，可以在地上画一条直线，双脚踩着直线走。

另外，风度还是一种内在美的自然流露，是美好心态的自然展现。好的妈妈还应该在内在美方面多修养自己的身心，最起码要做到以下两点。

（1）要有爱心

充满爱心，对弱者的不幸给予深切同情。平时爱护小动物，常参加一些社会慈善活动。能用一颗容易感动的心来面对生活细节。

（2）性格要坚强

真正的坚强应该带有一种浓厚的职业色彩，该哭的时候就哭，该笑的时候就笑。在工作时间听到一切不幸或不利于自身的消息时要不露声色，充分显示自身的心理承受能力。而回到家或休闲场合就该放松自己，展现一个真实的自我。苦难，让人在经历太多东西后拥有一份平实的心情，坚强，便是这种平实的代名词。

妈妈是孩子的影子，对孩子的影响是润物细无声的，在与孩子朝夕相处的日子中，妈妈的品行、情绪、价值观、心态、为人处世都会潜移默化地传达给孩子。一个懂得尊重别人的妈妈，才会教出懂得自尊自爱的孩子。妈妈爱读书，孩子才能爱学习；妈妈善待自己，孩子才会善待生命；妈妈善待他人，孩子才会明白人间自有大爱。在人际交往中，孩子与人相处自如的心态来自妈妈。妈妈的风度，将会决定孩子未来的高度。

溺爱是一种毁灭

溺爱，对孩子和妈妈来说，不是幸福而是灾难。因为溺爱，不知多少青少年失去正常的生活能力和人格魅力；不知多少妈妈为溺爱出孽子而痛心疾首。

一个已经在上高中的学生，还要他的妈妈为他去拉抽水马桶，不是不会拉，而是每次都懒得动手，后来，他去了美国。他从那里回信说：由于妈妈"多管闲事"，几乎毁了他的前程。

一位已经上了大学的女孩子，喜欢吃鱼，但不"喜欢"摘刺儿。据说她妈妈"喜欢"摘刺儿，而"不喜欢"吃鱼。于是母女多年来就成了理想的"搭档"。后来，她到了一个盛产鱼的国度。她从那里回信说，正是妈妈的"喜欢"帮助，几乎剥夺了她维生的"技术"。

一般人富贵了想到的是封妻荫子，给子孙留下一笔可观的财富，自己享受了一辈子，也让子孙享受一辈子或者半辈子。但是，我们从历史上看，很多人虽然留了很多财富，子孙都不会享受一辈子的。名门之后，还想高人一等，结果是连普通人都不如，享受少而受苦多，有出息的更少。在东南亚的华侨，有很多人发了大财，但是传到第二代，就破产了。

溺爱是毁灭性的教育方式，相信大多数妈妈已经从无数的前车之鉴中认识到这一点，但是，还是有那么多妈妈控制不了自己的溺爱行为，甚至那些通情达理的高素质知识分子，一面对楚楚可怜的孩子也不禁变成疯狂给爱的妈妈。这是为什么呢？母爱真是如此伟大吗？

其实，溺爱不仅仅出于妈妈本能的母爱，还出于妈妈对自己的宠爱。每个人内心中都藏着两个"我"。一个是"内在的父母",即我们现实中的父母角色与理想中的父母角色的内化,当我们为人父母时,这个"我"也就是我们自己。另一个是"内在的小孩",即我们对自己童年体验的记忆和自己理想童年的内化。

溺爱最重要的也是最不容易被人发现的原因,就是妈妈将"内在的小孩"投射到现实中的孩子身上。她把现在的孩子,当作自己,按照自己潜意识里的意愿给孩子爱,她根本看不到孩子的成长需求,而是将孩子当成自己的另一个"我",给予过度满足。例如那些从小生活贫困的妈妈,就会在物质上大量满足孩子,因为她潜意识里极端排斥贫苦的日子,她给孩子大量的物质,其实是在满足自己"内在的小孩"的物欲。所以,妈妈无节制地给予孩子爱,其实是在无节制地满足自己的欲望。溺爱表面上是牺牲自己满足孩子的需要,其心理真相却是宠爱自己。

每个妈妈都应该反思一下自己对孩子的爱,你是不是在按照自己的想法爱孩子,你是不是希望有一个和孩子一样的童年呢?如果是,请注意了,你也许正在有意无意中溺爱孩子。

在溺爱中成长的孩子会有很多缺陷,比如他喜欢追随别人、求助别人、人云亦云,在家中依赖父母,日后在外面宁愿依赖同事、依赖上司,也不愿自己创造,不敢表现自己,害怕独立,又或者他喜欢做一个"小霸王",自私自利,不尊重父母兄弟姐妹,脾气暴躁,性格极端。这些都意味着他的人格还没有趋于成熟和健全。溺爱对孩子的负面影响可见一斑。

对孩子真正的爱其实是一种理智的爱。比如,当和孩子一起外出游玩时,孩子发现了很多精美的玩具、美味的糖果、漂亮的衣服……妈妈可以买,但一定要有个节制,让孩子明白,不是所有的东西，妈妈都必须无条件去给予他。或者在某些特定的情况下，满足孩子某些特别的愿望。关键在于，在这种时候，你要让孩子知道，这是由于有特别的原因你才会这么做的。

小测试：看看你溺爱孩子的程度

这个测试针对 6 ~ 12 岁孩子的妈妈，请根据孩子的真实状况选择偏高、一般、偏低三个选项。偏高得 2 分，一般得 1 分，偏低得 0 分。答完 24 题之后，累计总得分。

1. 会自己整理书包，准备上学用具。

2. 受到挫折的时候，不会向父母发泄。

3. 看到某些想要的东西，如果父母不给买，就会放弃得到。

4. 在找人借东西之前，都会向物主说一声。

5. 遇到什么困难都不会抱怨别人，并且希望下次做得更好。

6. 会关心其他的家庭成员。

7. 愿意与客人分享自己的食品和玩具。

8. 无论是看电视的时间，还是上床睡觉的时间，都有规律可循。

9. 需要做决定时，知道自己要什么，不会不知所措。

10. 做家务劳动的时候尽职尽责。

11. 能够清楚地表达自己的想法。

12. 遇到问题首先会想到自己解决，不会马上让父母协助。

13. 见到别人会很自然地打招呼。

14. 善于反省自己的问题。

15. 不会乱发脾气，生气有原因。

16. 能够欣赏别人的优点，而不是嫉妒。

17. 对父母的付出懂得感谢。

18. 家里家外一个样。

19. 能合理地支配自己的零用钱。

20. 总是喜欢自己、欣赏自己，对自己很有信心。

21. 容易亲近，善于与人合作。

22. 喜欢动手帮忙做家事，不懒散。

23. 在环境及外部条件恶劣的情况下，依然做好自己该做的事。

24. 不会和人比较物质条件。

测试结果：

37分以上：你不是特别宠爱孩子，你的孩子已具备很好的社会化能力，能应付这个繁杂的社会。

36 ~ 25分：你有一点宠爱孩子，现在你要帮助他建立欠缺的与人交往的能力。

24 ~ 12分：你很宠爱孩子，有时过度保护，有时又太放任，这样会阻碍他发展相关能力的意愿与标准。

11分以下：你已经过度宠爱孩子，阻碍了他很多能力的培养，不可以再宠他了。溺爱还表现在针对孩子不同的阶段，采取不同的爱的方式，比如在0 ~ 2岁，要给予孩子无条件的爱，让他在这种爱的环境中得到生命最初的安全感。到了2 ~ 4岁，孩子开始自主探索世界与自己，这时，最明智的爱是尊重孩子的自主探索，使他的自我意识得到强化，这样，当他步入青春期后，他会发现他已经能够独立地处理很多成长的问题，化解很多生活中的困惑。

自私的妈妈才会有密不透风的爱

当孩子越来越大、越来越独立、越来越渴望自己为自己做主时，妈妈就会感到极大的分离焦虑。她在内心里害怕孩子长大，于是，有些妈妈会有意无意地阻碍孩子长大。

一个访谈节目中，台湾舞后比莉讲起在培养孩子的过程中，自己总是处于希望孩子快点长大，但又害怕孩子长大的矛盾状态中。比莉回忆在儿子小时候，有一次送他上学，儿子在门口对她说："妈，以后不要再送我上学了，我都上初中了，同学都没有爸妈送了！"她听了儿子的话才恍然大悟，意识到儿子已经长大了，比莉就跟主持人说："我真舍不得让他长大！"

相信每一个妈妈都有和比莉一样的感受，想让孩子长大，但是又舍不得他们长大。多希望孩子永远都能天真无邪，单纯可爱，永远在我们的翼下保护，不要离开我们的视野，让我们永远拥有他。妈妈们心里深处或多或少都会有这样的恐惧：害怕孩子长大独立，害怕孩子与妈妈分离。

所以，妈妈即使认识到自己对孩子这种密不透风的"爱"，会令长大了的孩子有些受不了，也会使他们变得越来越糟糕，但是妈妈就是不自觉地要对孩子过多爱护和管教。

小豪今年已经上初中二年级了，他从小由妈妈带大，任何事情都是由妈妈全权打点，无论是削铅笔、收拾文具、洗衣服、买零食，还是选择学习内容、填报志愿，大大小小的所有事情都是妈妈为他做。小豪对此很安然自得，妈妈也做得心满意足。

然而，小豪在学校里发现其他男孩都会做很多事情，例如自己把带来的饭盒洗干净、自己收拾自己的文具书本、自己绑鞋带等，而这些事他都不会做，他觉得有点不好意思，于是他想和其他同学一样，自己做自己的事。当他向妈妈提出这个要求时，妈妈当即回绝了他："傻孩子，妈妈帮你做就好了，你就不用操心了，好好学习吧。""可是其他同学都会笑话我什么都不会做啊，他们说我长不大，什么都要靠妈妈，不像个男生！""才不是呢，他们是嫉妒你，其实他们自己也不想做，所以故意说你呢！"

小豪勉强相信了，可是，他渐渐地开始对妈妈的关心和帮忙产生了反感，他总觉得自己没有其他孩子自由，于是经常对妈妈发脾气。妈妈看到孩子这样的抵触情绪，觉得孩子长大了，翅膀开始硬了，就想离开妈妈了，心里特别失落，但是，她还是不让小豪碰任何家务事，甚至是小豪自己的事，她总觉得，只要自己帮孩子做这些，孩子就会一直依赖他，就不会离开他，她宁愿让孩子懒一些，也不愿意他很快独立起来离开自己。

很多妈妈就是这样，希望通过为孩子做事，了解孩子的想法，来感觉到孩子仍然依赖着自己，来消除自己害怕孩子长大的心理。这样的爱看似是对孩子的宠爱和负责，其实是出于妈妈的自私，为的是满足妈妈的安全感。如此自私的爱，不能算是真爱。孩子长大是必然，没有一个妈妈能够把孩子绑在自己的身边一辈子，即使你把他绑住了，那也是对他巨大的束缚。

孩子长大了，会渴望独立空间，渴望伸展自己的手脚，尝试自己的力量。这是一个生命成长的必然规律。妈妈们不要一厢情愿地认为孩子就是一个永远不懂事的小孩，永远不知道该怎么做事的小孩，你得时时为孩子的一切事情操心。不要像对待一个2岁的孩子一样去对待已经长大的孩子，这是对孩子无形的伤害。

作为妈妈，必须舍得孩子长大，不能因为舍不得就牢牢地把他圈在自己爱的包围圈里，这对孩子是错误的爱，好妈妈会允许孩子心理上与自己分离。妈妈必须舍得孩子长大！要知道，妈妈的怀抱再温暖，也不如给他一双强健的翅膀，这样即使妈妈不在身边，他也能飞翔；妈妈的肩膀再结实，也不如给他站立的力量，这样即使妈妈老去，他也能独立行走；无论妈妈多么智慧、多么有能力，都不如教给他智慧和能力。

不要拿"大人为你好"欺骗孩子

茱迪丝·布朗说，"妈妈自欺欺人的通病就是，他们为孩子做的一切，无论如何满足了他们自己，却说成是为了孩子。"这种说法表面有理，其实荒谬。在这个旗号下，妈妈不仅参与孩子的所有行为，强迫孩子接受妈妈的选择，甚至指导孩子何时何地以什么样的方式表达自己：委屈了不许哭！失望了不许生气！高兴了不许叫唤！对妈妈之情要感激感动、感恩戴德……

冬季的一天，寒风凛冽，气温骤降。一位母亲冒着刺骨的北风骑车数里来到一所大学校园的女生宿舍，找到正在这里上学的女儿。打开宿舍门，女儿见是母亲，感到十分惊讶，问她有什么事，母亲说给孩子送羽绒服。

女儿感到啼笑皆非，告诉妈妈自己不需要。"我这里有足够的保暖衣服。这么冷的天，我们都在宿舍里念书，不会出去的。再说，您顶着风给我送衣服，就不怕自己生病啊？"

母亲则十分恼怒："我这不是怕你冷吗？怕你不知道多穿点儿。怎么了，我关心你不对吗？我这不是为了你好吗？你怎么这个态度？"

母亲扔下衣服愤然地走掉了。女儿追出来叫她进屋坐一会儿，她好像没听见。

母亲感到很委屈：她觉得自己很伟大，她是如此心疼女儿，顶着寒风送去冬衣，简直是个英雄！一路上，她都在想象女儿看见自己时会是多么感激涕零。然而女儿却让她失望了，非但不领情，反而将她送到手边的温暖拒之门外。当着女儿同学的面，她真是下不来台，不禁恼羞成怒。

女儿也感到很委屈：我已经长大了，能够自己照顾自己了，妈妈却还拿我当小孩子。这么多同学的妈妈都没有来，偏偏她来了，小题大做。她总是命令我无条件地接受她的关怀，也不看我到底需要不需要。只要提一点意见，她就责怪我，让我对她感到负疚。

这位妈妈认为自己的爱是伟大的，无论何时女儿都应该谦恭地接受，否则就是没有良心；然而，从客观的角度看，她仅仅照顾到了自己的利益，却忽视了孩子的体验。她沉浸在自己的情绪之中，却毫不顾及女儿的感受。美国家庭心理咨询师茱迪丝·布朗将这种"爱"称作对孩子实施"慈祥的虐待"。实际上，这种以"爱"的名义所产生的心理伤害，绝对不亚于暴力行为留下的重创。茱迪丝·布朗还在《都是为了你好》一书中指出，在家庭中，妈妈有着强大的需求，但是这些需求往往被高尚的托词乔装遮掩，暗中扭曲孩子的生活。"都是为了你好"就是最常用来遮掩父母内心需求的高尚托词之一。

孩子不爱吃饭，妈妈端着碗在身后追着喂："为了你的营养，为了你的身体好！"

孩子爱玩儿水，身上弄湿了，妈妈坚决制止："怕你感冒，为了你的健康好！"

妈妈给孩子报了钢琴班、美术班、舞蹈班、英语班，每天陪着孩子东奔西跑上课练习考证："为了你的将来着想，为了你的前途好！"

孩子有了自己的喜好，妈妈马上站出来制止："别看那种书！不能跟那种人交朋友！你会学坏的！这可是为了你好！"

孩子喜欢文学，妈妈却禁止他看小说："不许学文学艺，应该学理学商学医，这才是正道！都是为了你的将来好！"

孩子恋爱了，妈妈对其钟情的对象横挑鼻子竖挑眼："这个对象不行，跟他/她吹了，我们给你介绍更好的。别伤心别生气，我们都是为了你好！"

无论孩子做什么，妈妈都会参与、指挥、压制、干涉："听我的，这都是为了你好！"

每个妈妈都应该坐下来，扪心自问：我殚精竭虑呕心沥血，所做的一切，真的都是为了孩子好吗？

"都是为了你好！"凡是这样说话的妈妈，都持有一种自以为是的态度，摆出一副居高临下的架子，把自己当作孩子生活的总指挥："听我的，我知道什么是对你最有益的选择！"

当孩子反抗时，"都是为你好"意思是"我为你好才这么要求你，所以你不论喜欢还是不喜欢，都必须照办"，这里隐含了一个假设，即出发点好结果就一定好，这个假设不符合事实。另外这里还包含了一个前提：你自己不知道什么对自己好，所以要听我的。对于很小的孩子，这一点或许是事实，对比较大的孩子，是不会认同的。

当孩子置疑时，"都是为了你好"意思是"我的动机是为你好，所以你无权置疑我行为的效果，即使事实表明我错了，我也不需要道歉，而且下次你仍然应该无条件地服从我"。这个潜台词十分蛮横，如此一来，哪个孩子还敢表达自己的意见？

当什么情况也没有发生，妈妈却高频率地说这话，意思是"我整天都在为你好，我的生活目的就是为你好，所以你应该记住我的恩情，你欠我的"。这是妈妈在扮演一种"债权人"和"施予者"角色，扮演的目的是要保持对孩子的控制。这样一句"都是为你好"，对孩子的威胁却是十分可怕的。在这句话的威胁中成长的孩子往往既不会表达愤怒、也不怎么会表达爱。经常压抑自己的愤怒和感情，习惯于以别人的标准要求自己。他们不敢和妈妈直接交流，因为在交流之前就已经在脑海里出现了妈妈勃然大怒的形象。

就是这样轻而易举地，妈妈对孩子实施了精神控制，或者说是精神奴役。常说这句话的妈妈们请好好反思一下，"都是为你好"真的是为孩子好吗？

妈妈的爱是个温柔的陷阱。妈妈溺爱孩子，都是为了让孩子生活的幸福，但是孩子能让妈妈呵护多久呢？总有一天，他需要与别人一起应聘、一起工作、一起生活，到那时他的困难谁来解决？

十月怀胎的辛苦和分娩的"切肤之痛"让妈妈们最能体会骨肉亲情，日常起居上的悉心照料更加深了母亲与孩子之间的感情，母亲对孩子的爱，已经不是"慈母手中线"缝出的衣裳能够代表的了。

也正因为如此，妈妈更容易溺爱孩子，在独生子女的家庭中尤其如此。

小敏的妈妈是一个全职太太，体会到丈夫在外面工作的不易，她也要求自己把家里的事情打理得事事顺心。

在对小敏的教育上，妈妈积极地给孩子报辅导班，按时接送孩子，一日三餐都按照营养书上推荐的搭配，保证孩子的身体健康。

平时孩子的任何事情，收拾书包、穿衣梳头、放水洗澡这些都由妈妈一手操办。在家庭内务上，妈妈尽心尽力，毫无怨言。

而小敏却没有感觉到妈妈的辛苦，在她看来，妈妈所做的一切都是理所当然的，如果哪一次她发现妈妈没有帮她把书包收好，或是给她准备的第二天上学时穿的衣服不如意，就会委屈得掉眼泪。

爸爸长期不在家，妈妈就成了小敏最亲密的伙伴，但凡遇到困难，妈妈总是第一时间帮她解决，但小敏还是常常和妈妈怄气。

不论是出于补偿心理，还是出于对孩子的爱，小敏的妈妈都绝对到了溺爱的地步。这样的做法虽然可以理解，却是很不明智的。有的妈妈正是知道自己不能保护孩子一生，越发有求必应，百般顺从了。这样的妈妈可以说是不负责任的，因为她没有为孩子的将来做任何打算，并且让孩子错失了很多学习成长的机会，她将一个低能儿抛给了社会，这样的行为不可饶恕！

孩子是需要经受挫折才能健康成长的，溺爱只会让孩子养成不好的生活习惯和性格。被溺爱的孩子很难遵守规矩，也不懂得自我约束，在他看来，规矩是为别人准备的。

由于凡事都有妈妈包办，这样孩子往往有太多优越感，做事情眼高手低，也不善于与人相处。当别人帮助了自己的时候，在溺爱中长大的孩子也不懂得感恩，反而觉得是理所当然；当他看到别人比自己优秀的时候，不仅不会向别人学习、替别人高兴，还会产生沮丧、嫉妒的消极情绪。

一位母亲为她的孩子伤透了心，她在心灰意冷的情况下去找心理医生。

医生问："当您的孩子第一次系鞋带时，打了个死结，从此之后，您是不是再也不给他买带鞋带的鞋子了？"母亲点点头。

医生又问："孩子第一次刷碗的时候，打碎了一只碗，从此以后你是不是再也没让他刷碗？"母亲称是。

医生接着说："孩子第一次整理自己的床铺，用了很长时间，您看不过去，从此代替他叠被子了，是吗？"这位母亲惊愕地看了医生一眼。

医生又说："孩子大学毕业去找工作，您怕孩子找不着工作，便动用了自己的关系和权力，为他谋得了一个令人羡慕不已的职位。现在您却为孩子的适应能力太差而感到恐慌了！您怕他不能胜任一份好工作，怕他娶不到媳妇，怕他以后过得很凄惨……"

这位母亲更惊愕了，从椅子上站了起来，凑近医生问："你怎么知道？"

"从那根鞋带知道的。"医生说。

母亲问："我以后该怎么办才好？"

医生说："当他生病的时候，您最好带他去医院；他要结婚的时候，你最好给他买好房子；他没有钱时，你最好及时给他送钱。这是你今后最好的选择，别的，我也无能为力。"

这则故事中的母亲，就是用自己的爱，为孩子埋下了一个温柔的陷阱，由于被剥夺了犯错误和改正错误的机会，孩子也失去了独立成长的权利。

当他在日后的生活中遇到一些不如意的事情，除了向妈妈求救，就只能"独自垂泪到天明"了。

妈妈要让孩子学会自立，首先就要从放开自己的双手开始，让孩子自己系鞋带，即使很慢，迟到了他会因此受到批评；即使系到一起，走路摔倒了他会感到疼痛，但所有这些付出的代价，都是让他学会改变方法、正确做事的动力。不然，他在将来就会错失很多机会，付出的代价将会更加沉重。

另外，孩子在开始做事情的时候，需要适当鼓励和即时指导，如果妈妈不在身边，孩子很容易感到孤独和被忽略；因此妈妈对孩子的爱要把握一个恰当的尺度。

妈妈们应该明白，溺爱孩子实际上剥夺了孩子生活中许多重要的东西。比如剥夺了孩子的自主权。溺爱的妈妈多为掌控型家长，喜欢一手包揽，诸如小到穿衣，大到前途，都要为孩子做打算和决断，孩子容易丧失自我，能力退化，胆怯，容易对妈妈产生既抱怨又依赖的矛盾心理。剥夺了孩子的自信心。溺爱孩子的妈妈给予孩子的负面信息要多于正面信息，常常喜欢限制孩子的活动，诸如：这是不能拿的，那是不能碰的，致使孩子运动游戏的能力差，和同伴玩不到一起，内心因此自卑孤独，甚至剥夺了孩子的感恩心。溺爱的妈妈倾心包揽，不给孩子任何成长的机会，也剥夺了孩子帮着做点力所能及的家务、参与家庭的活动的生活体验。妈妈的爱，不是越多越好，小心你泛滥的爱，为孩子埋下温柔的陷阱，困住孩子的人生！孩子自私，妈妈负责，前苏联当代著名教育家苏霍姆林斯基曾说："在没有明智的家庭教育的地方，父母对孩子的爱只能使孩子畸形发展。这种变态的爱有许多种，其中主要的有：娇纵的爱，专横的爱，赎买式的爱。"

现在，很多妈妈"先孩子之忧而忧，后孩子之乐而乐"，她们节衣缩食，看着孩子吃好的穿好的玩得痛快，妈妈比自己享受还要陶醉。

可是这些妈妈没有意识到，她们在为孩子无条件付出的同时，也使孩子养成了自私、任性、骄横、懒惰、狭隘、霸道、缺乏责任心、缺乏爱心和同情心、不关心他人等不良品行。

一个偏远山村一个农民的宝贝女儿考上了某重点大学。这个喜讯让全村都轰动了。

贫穷老实的父母咬紧了牙关，才凑齐了近万元的学费。虽然老两口每日劳累，可是他们的内心却很欣慰，毕竟一切等女儿毕业就好了。

谁知不久就接到女儿的信："要买学习资料，速筹 2000 元寄来。"

父亲为了给女儿凑学费，已经家徒四壁，负债累累，根本就拿不出这么多钱给宝贝女儿——他只能做一件事情，那就是到城里的血站去卖血。

当老汉把借来的和自己卖血换来的 2000 元寄走后，他的心放下了，终于能让女儿踏实地学习了。

可他哪里知道，这次要钱还仅仅是个开始。

女儿要钱都是有用处的，再苦再难父亲也得支持。家里是一分钱也拿不出了，只能靠卖血来供养女儿读书了。

忠厚的父亲用别人的身份证托人办下了七个献血证。每个星期都要卖两次血，才能供得上女儿的消费。

4 年里，老汉共卖血获得 75 500 元，老汉为女儿所卖掉的血，用一个大汽油桶还装不完。

好不容易女儿毕业了，父亲心想，终于可以松口气了。不想，女儿在城里找到了工作，就再也没有和家里联系过。这让老汉十分牵挂。

一天，衣衫褴褛的老父亲千里迢迢来到了女儿的工作单位，探望许久没回家的女儿。

不想，老汉刚在女儿公司门口露面，女儿就把父亲推到了远处，还埋怨他怎么不穿好点，这么寒酸，太让自己没有面子了。

埋怨完父亲，女儿很不耐烦地从口袋里掏出200元钱递给了父亲，让他搭乘当天的火车回去，并告诫他没事别来找自己，对自己以后的发展不好。

老父亲接过钱的一刹那，几乎要昏过去……

看了这个故事，或许你也会为文中的"老父亲"心酸。然而，这位"女儿"的做法不是没有缘由的，父亲过度的爱、毫无原则与分寸的纵容，是造成"女儿"如此绝情的根源。

有的妈妈疼爱孩子，家里有什么好吃的东西都只给他一人吃。时间长了，在孩子的思想上形成了一个定式：好的东西只能由我享用。

有一个三口家庭吃饭时，孩子总是把自己喜欢的菜拉到自己面前，恨不得一个人全部吃掉。

妈妈随着孩子，也专门把孩子爱吃的菜放到他面前，自己干瞅着不吃。孩子吃独食看起来是小事情，但是小事情却会产生大问题，这可是这位妈妈没有想到的事情。

孩子吃惯了独食，有东西只想一个人吃，玩具也只能自己一个人玩，自私自利思想由此产生。

一位母亲平时总是把削去皮的苹果给女儿吃，自己却吃苹果皮。一次当她尝了一口苹果时，3岁的女儿竟声色俱厉地吼道:"你怎么吃苹果!吐出来!"这位妈妈声泪俱下:"她那么小,就这样对待我……"

孩子如此对待妈妈,确实可怕。但问题的起源在于妈妈的权利丧失,甘愿为子女当马牛,直接导致家庭教育失败,导致了孩子自私、任性而且霸道的性格。

由于许多妈妈没有认识到孩子吃独食的危害,觉得吃独食没什么大不了的,其实孩子吃独食的后果很严重。

一项调查表明,当今的中小学生明显表现为自私和责任心差,他们以自我为中心,而对父母缺乏应有的关心。调查发现,有27.8%的中小学生不知道父母的爱好,有100%的中小学生知道自己的生日,而有33.3%的中小学生知道父母的生日。他们把父母为自己的付出看作是天经地义、理所当然的事情,进而体会不到父母养育他们的艰辛。妈妈"有了孩子,没了自己",到头来换来的却是孩子心中"只有自己,没有妈妈"。

抚养出这样的孩子,做妈妈的难道不痛心吗?然而这又是妈妈自身的过错造成的恶果。

我国老教育家刘绍禹曾经说过:"不要太关心儿童。……太关心了容易养成孩子的自我中心心理,结果变成自私自利的人。"

孩子的自私自利并不是天生的,很多是随着妈妈畸形的爱滋生出来的。妈妈们,请反思一下你的爱,不要让你畸形的爱,成为孩子自私的源泉。

别让你的焦虑影响孩子

美国心理学家研究发现:如果父亲或母亲患上焦虑症,那么与他们生活在一起的孩子患上焦虑症的风险是正常家庭孩子的 7 倍。而焦虑症的"传播"途径往往是患有焦虑症家长平日的一些行为，如对孩子过度保护、过度批评、在孩子面前经常流露出惊慌和害怕的神情等。

小凡的妈妈最近一段时间不知道为什么，老是为一些微不足道的小事忧虑，以至于影响了正常的工作。

比如，她总是莫名其妙地对那支钢笔产生厌恶之感。一看到那磨得平滑的钢笔尖就心里不舒服，她更讨厌那支钢笔的颜色，乌黑乌黑的。于是她干脆把钢笔扔到了垃圾桶里。可换了支灰色的钢笔后，魄依然感觉不舒服。原因是买它时，自己当时在售货员面前出了点丑，自尊心受到了伤害。因此刚买回来，她就把它扔到楼道里，任人践踏。

还有一次，小凡给妈妈买了一个用来盛饭的小塑料盒。妈妈脑子里冒出一个想法："这是不是聚乙烯的？"几年前，她记得自己曾看过一篇文章，好像是说聚乙烯的产品是有毒的，不能盛食物。这下她的神经又绷紧了：这个小塑料盒会不会有毒？毒素逐渐进入我的体内怎么办？她万分忧虑。

有一天，妈妈又为小凡头上的两个"旋儿"而苦恼起来。她听人说"一旋好，俩旋孬，两个顶（旋），气得爹娘要跳井"。真有这么回事吗？要不为什么小凡总是让自己担心呢！可有两个旋的人多的是呀！这个念头令她终日忧虑不已。小凡的妈妈就是这样一直在忧虑中徘徊、挣扎着……

而可怜的小凡，也在妈妈这种焦虑情绪的影响下，整天忧心忡忡，她总是很自责，觉得自己是妈妈的"克星"，如果妈妈当初没有生下她，可能会很幸福。慢慢地，小凡上课总是紧张兮兮的，害怕学不会东西，对不起妈妈，她也很担心自己以后没什么前途，不能赚钱养妈妈……以往乐观开朗的她也逐渐变得沉默寡言，焦躁不安。

小凡的妈妈其实是患上了焦虑症。而小凡的焦虑情绪其实是被妈妈传染的。那么什么是焦虑症呢？

我们还是先从焦虑的情绪体验说起。焦虑是一种没有明确原因的、令人不愉快的紧张状态。我们可能都有过这样的情绪体验：在你第一次和心爱的人约会之前，在你的老板大发脾气的时候，在你知道孩子得了病之后，你都会感到焦虑。适当的焦虑并不是坏事，往往能使人鼓起力量，去应付即将发生的危机。但是，如果忧虑过多，以至于达到焦虑症，这种情绪就会妨碍你去应对、处理面前的危机，甚至妨碍你的日常生活。

焦虑情绪过重或有焦虑症的人，他们内心充满了过度的、长久的、目的并不明确的焦虑和担忧。比如，他们会为孩子的前途担忧，即使孩子很聪明，学习又好，他们也会感到危机和焦虑；或者他们会成天为自己孩子的安全担心，生怕他在学校里出了什么事；更多的时候他们自己也不知道为了什么，就是感到极度的焦虑和不适。他们整日忧心忡忡、神色抑郁，似乎感到灾难临头，甚至担心自己可能会因失去控制而精神错乱。

妈妈一旦焦虑情绪过重，生活的紧张及抑郁气氛就会加重，孩子在这种环境下生活，必然会受到影响。如果妈妈时时刻刻打电话担心自己的安危，孩子也会跟着不安起来；如果妈妈压力太大，孩子也会想分担妈妈的压力而给自己增加压力；如果妈妈整天愁眉苦脸，孩子自然也会少有笑脸……所以，妈妈，为了你和孩子的健康生活，请不要那么容易焦虑起来，更不要将你的焦虑展现在孩子面前，转嫁给他。孩子的乐观心态，会因为你转嫁来的焦虑而磨灭，最终，他将带着和你一样焦虑的情绪走过一生。这应该不是你所想的。

消除焦虑心理有多种方法，比如，听音乐、做运动、换环境、放松心情等，但是最本质的却是纠正认知错误，凡事都看得开、看得破。这里告诉大家一种比较实用的方法（同样也适用于因为家长影响或其他一些原因患上焦虑症的孩子）。

第一步：当你焦虑时，请拿出一张白纸，把你焦虑的问题写到纸上，比如，"我总担心自己失业""我怕孩子不能适应社会""我莫名其妙地冒出一些讨厌的想法"……

第二步：全部写下后，再逐一分析这些焦虑有什么原因，思考它对事情的发展有没有好处，并写在纸上。一般你会总结到这一点——越焦虑，事情反而会越糟糕。

第三步：想更好的办法，比如：既然焦虑失业会更糟，那么我安下心来工作才是最好的办法；既然越是为孩子的前途感到焦虑，越是让孩子有负担，不如，把"不管"当作"最好的管"。（把你想到的这些想法也写在纸上。）

反复多次，你会发现你已经远远地把焦虑甩在身后了！

妈妈的抑郁会传染给孩子

现代医学认为抑郁症发病一般不是单方面因素引起的，而是遗传、体质因素、神经发育和社会心理等因素共同作用的结果。家族病史、婴幼儿期没有得到足够的爱、突发灾难、长期精神压抑等，都是致病因素。

因此妈妈不仅要学会调节孩子的抑郁情绪，更要学会调试好自己的心态和情绪状况，千万别让你的抑郁传染给孩子。

文慧今年已经 55 岁，担任某公司的经理。由于平时压力大，又很少有真正交心的朋友，文慧这几年来有一种难以言状的苦闷与忧郁感。说不出什么原因，她总是感到前途渺茫，一切都不顺心。即使遇到喜事，她也毫无喜悦的心情。过去常常下班后和小儿子一起玩，有时也和丈夫去看电影、听音乐，但后来就感到一切索然无味。

她深知自己如此长期忧郁愁苦会伤害身体，并且影响家人心情，但又苦于无法解脱，而且导致睡眠不好、多噩梦及胃口不开。有时她感到很悲观，甚至想一死了之，但对人生又有留恋，有很多放不下的东西，因而下不了决心。

她的丈夫知道她的抑郁心理比较严重，总是想方设法讨她欢心，经常和她谈心，陪她听音乐，给她讲一些幽默笑话……可是没什么效果。丈夫最近总是觉得心灰意冷。更糟糕的是他最近发现 11 岁的儿子好像也有抑郁倾向：不爱说话，成绩好但很自卑，总觉得自己缺点太多，对自己的长相不满意。文慧的丈夫很着急，他越想越不明白，难道是妻子的抑郁传染给孩子了，使得一向优秀的儿子缺少自信？

什么是抑郁心理呢？抑郁心理是以心境低落为主，与处境不相称，可以从闷闷不乐到悲痛欲绝，其间常常伴有厌恶、痛苦、羞愧、自卑等情绪。严重者可出现幻觉、妄想等精神病性症状。对大多数人来说，抑郁只是偶尔出现，历时很短，时过境迁，很快就会消失。但对有些人来说，则会经常地、迅速地陷入抑郁的状态而不能自拔。

很显然，文慧是被抑郁"缠上了"，而她丈夫的问题也并不是空穴来风——抑郁症的确会遗传，但孩子虽会有潜在的抑郁症风险，如果没有外界刺激，一般不会发作。如今儿子也有抑郁的症状，关键是因为妈妈的抑郁刺激了孩子的心情。

抑郁症危害也比较严重，一旦被抑郁缠身，便会很难挣脱，有的甚至抑郁情绪反复发作，时好时坏。并且六成以上的抑郁症患者有过自杀的行为或想法，15%的抑郁病人最终自杀。

然而，在多数人眼中，抑郁仿佛永远在他处，与己无关。事实并非如此，据世界卫生组织估计，几乎每30个人当中，就有一个人正经受着抑郁症的困扰，每15个人当中，就有一个曾经面对过这种疾患，并且女性比男性更容易患上抑郁症，其概率为2：1。并且抑郁症还具有一定的遗传性。但没有重大事件的刺激，孩子和妈妈一般不会同时患上抑郁症。所以即使自己患有抑郁症，也不必忧心忡忡，避免孩子遭受不必要的打击，能很好地让他远离抑郁症。

虽然引起抑郁的原因多种多样，每个人抑郁的事情也都有所不同，但调节抑郁的方法更是多种多样，甚至平时的休闲活动都可以在一定程度上调节抑郁情绪。下面介绍几种实用的小方法，不妨一试！

1. 随意涂鸦

把引起你忧郁的事情画出来，比如，因为想念双亲而忧郁，就把双亲慈祥的面孔画出来，不要计较像与不像，只要倾注全部感情去画。如果讨厌一个人，也可以去画他，把你厌恶的感情也画进去。

2. 写下随想

当你心情不佳时，不妨拿起一支笔，抒发胸中的情感，将心情诉诸纸上，会有释放的感觉。

3. 亲近自然

当你感到无助和抑郁时，不妨置身于自然之中，感受自然的鸟语花香，忘记现实的烦恼。

4. 便利贴的妙用

把鼓励自己的话，写在便利贴上，贴在自己一眼就能看到的地方，不时提醒和鼓励自己，便不会感到孤单和萎靡不振。

5. 聆听音乐

虽然音乐的确能够达到调节抑郁的目的，但不同的人最好根据自己的喜好来选择音乐。

6. 创造家庭好环境

良好的家庭环境是使孩子免受抑郁侵害的保护伞。妈妈应避免长期在孩子面前吵架、向孩子诉苦、给他讲一些悲观的想法。

单亲妈妈不能忽视育儿问题

单亲家庭子女的教育问题已经成为现代社会的一个重要课题。对孩子来说，单亲家庭变化的只是家庭结构，而不是爱和责任。只要妈妈有良好的心态和正确的方法，家庭结构的缺失并不会对孩子的教育和成长造成不良影响。对单亲妈妈来说，教子不仅需要爱心更需要智慧和策略。

单亲妈妈怎样引导孩子坦然接受现实？怎样在单亲家庭中摆正亲子关系？单亲妈妈怎样调整教养心态？怎样让孩子学

会担当责任？单亲家庭亲子沟通有什么技巧？怎样正视各种压力？怎样避免单亲家庭教育的误区？怎样为孩子留出父爱的天空？单亲妈妈怎样寻求支持？

作为一个单亲妈妈，要面对的事情比常人要多得多。首先在家庭中的角色，单亲妈妈一人要分饰两角，因此在孩子面前更要振作，不能消沉，要保持从容不迫，让孩子有安全感。爸爸的形象在孩子的成长过程中通常代表的是严肃、谨慎，世界卫生组织的研究表明：平均每天能与爸爸相处两个小时以上的孩子，要比其他孩子智商高，男孩更像男子汉，女孩长大后会懂得如何与异性交往。可见单亲妈妈在教育子女上是充满挑战的。

西西是在单亲家庭中长大的，西西很小的时候爸爸就去世了，西西妈妈一度对生活失去了希望，不仅不能及时引导孩子走向正常的生活，她自己的生活也陷入了一团糟糕的境地。西西爸爸去世后的一段时间，西西妈妈好像变成了另外一个人，动不动就发怒，还去赌博，不仅不管孩子的学业，甚至连孩子上学的学费都交不起，于是便把孩子托付给了其外公外婆照顾。西西跟外公外婆的感情很好，因为从小是由外婆带大的，所以和妈妈逐渐变得生疏起来。每次妈妈来外婆家看西西，西西总是躲在自己的小屋里不出来。后来西西妈妈再婚了，她想把西西带到新家里去看看，可是西西到了新家里只是乱砸乱踢，不跟妈妈讲一句话。西西偷偷告诉外婆说：妈妈不爱我了，她找的新爸爸我一点儿都不喜欢，而且新爸爸似乎也不喜欢我。孩子的话让外婆很揪心，最终，西西还是没有和妈妈一起生活。这成了西西妈妈一生的遗憾。

这不仅是西西妈妈的悲剧，同时也给西西这么可爱的孩子带来了巨大的心灵创伤。大人对孩子成长的不够关注会导致孩子成长中爱的缺失，从而会导致孩子变得孤僻乖戾、敏感多疑。再加上再次组成家庭对孩子的打击，会让孩子越来越感觉不到来自母亲的温暖。

孩子到底有什么需求呢？其实很简单，是妈妈有时间多陪她玩一会儿，听她讲在学校的感受，和她一起分享小笑话的快乐，这样可以把孩子对爱的缺失感降到最低。其实让孩子知道你爱她很简单，只要多点时间陪她，多告诉她妈妈爱你就够了。

在一个充满爱意和关切的单亲家庭里，孩子照样可以像普通家庭的孩子那样生活得很快乐。但是，这需要单亲母亲付出比正常家庭更多的时间和精力来补足自身的缺陷，更好地完成教养孩子的任务。单亲母亲在孩子教育问题上需要注意以下几点。

1. 要引导孩子感受周围的人给予他的关爱

要跟孩子多聊天，听听他的心里话。单亲妈妈其实很不容易，又要赚钱又要养孩子，很辛苦，但是不管多辛苦，每天都要抽出半个小时跟孩子共享欢乐时光，这样会及时发现孩子的问题。比如孩子心里不高兴，或是同学说的哪句话、提到的一个家庭幸福的场景刺激了他，家长都可以捕捉到，并要及时把这个扣给他解开。

2. 对孩子要严格要求

我们的孩子将来上学、工作要自己独立处理很多事情，也会碰到很多的困难，小时打好基础，培养坚强的、良好的性格，对他将来有很大的好处。在对孩子的教育上，单亲妈妈一定要注意孩子的素质教育和品德培养。

3. 不要回避自己的婚姻问题

就算父母双方有了婚姻问题也没有什么，应尽量客观地向孩子解释父母为什么离婚。关键要告诉孩子的是，人结了婚也常会发生矛盾，有的矛盾能解决，有的矛盾可能就解决不了，解决不了若还继续生活在一起大家就会很痛苦，所以就只好分手了。还有一点更重要，那就是不要忘记告诉孩子，虽然父母彼此不再相爱，但他们都是爱他的，这一点是永远都不会变的。

4. 不能因为分开就在孩子面前破坏孩子父亲的形象

不能一味地在孩子面前诋毁孩子父亲的形象，更不能让孩子心中充满仇恨，如果让孩子去恨他曾经挚爱的父亲，那将是非常残酷的事情。任何孩子都希望有一个好父亲，通常情况下父亲在孩子心中的形象是很高大的，即使不在一起生活也有同样的心理。

如果孩子的父亲真的很差，如举止不文明，抛弃家庭寻欢作乐，或好吃懒做等，也最好给孩子一个更容易接受的解释，不能因为一个糟糕的父亲而使孩子产生自卑心理。

5. 不要断绝孩子与其父亲的交往

孩子需要父爱，孩子应该接受来自父亲的男性性别教育。聪明、机智、果敢等品质多来自父亲的教育，多让孩子同他的父亲交往，也可以避免孩子因长期与母亲居住、相处造成恋母情结。单亲妈妈在感情上受过伤害，再加上独自带着孩子不容易，就容易不自觉地产生很多负面情绪。但是为了孩子我们应当强大起来，不要将我们所受的委屈在教育孩子的时候带进去，让我们的孩子有一个阳光明媚的童年对他们日后的发展将大有裨益，再说一个开朗的孩子也会带给你数不尽的欢乐，扫去你心中的阴霾。为了孩子能在健康快乐的环境中长大成人，做一个内心强大的单亲妈妈吧！

第二章

家庭的教育很重要

在孩子的成长路上，第一个对孩子进行教育的并不是老师，而是父母，尤其是妈妈。妈妈的教育对孩子来说至关重要，不仅可以让孩子从小看起来就非常优秀，惹人怜爱，甚至可以直接影响到孩子的未来。而且可以对他们的人生观、价值观、事业观等，产生非常重大的影响。因此，妈妈一定不要忽视自己对孩子的重要性，要对自己的孩子负责，认真对待孩子的教育，而不要把教育孩子的事完全交给学校，那是非常不明智的。

应该与孩子搞好关系

如果妈妈让自己的孩子听话一点，那么，妈妈就应该把日常对孩子的教育重心转移到培养彼此的关系上来。如果妈妈总是唠叨孩子的错误，就说明妈妈是一个不称职的妈妈，孩子也总是感觉自己做不好每一件事。

想要与孩子搞好关系，妈妈首先要把自己也变成孩子。拥有一颗童心，对教育孩子来说，是非常重要的一件事。童心未泯的人，才能抛开自己所谓"大人""妈妈"的身份，全面地接纳孩子。当你接纳了孩子的同时，孩子才有可能会接纳你。找到与孩子沟通的"密码"

对孩子的整个教育过程，其实就是一个有效沟通的过程。妈妈陪伴孩子，直到找到与孩子之间进行有效沟通的"密码"，真正的教育才算由此开始。在这个过程中，你需要有着足够的信心和耐心，相信这一天一定会到来。

妈妈对孩子的希望无外乎就是"听话"，但孩子为什么就是不听话呢？同一件事讲了多次，或者是错误的行为一再发生，这些都会让妈妈在沟通中失去耐心。这种耐心的缺失，是因为妈妈往往会觉得孩子的某些行为举动毫无意义可言。基于这样的假设，也就不能够真正和孩子进行有效沟通，而只能是单方面地把自己的想法强加给孩子而已。因此，沟通的前提是妈妈一定要转换角度，能够从孩子的立场来想问题，观察和思考问题。当你对孩子的理解越来越多时，也就不会再觉得他的举动无意义了，这时才能跟他进行很好的沟通。

1. 谅解是沟通的前提

孩子总是爱惹妈妈生气，但冷静下来一想，顶嘴之类，也并非没有道理可言。如果孩子执意不睡觉，或是因为贪玩，或是由于其他的什么原因，这都只是他宣泄自身情绪的一种方式而已。如果妈妈此时反驳他，就可能会引发僵持战。因此，妈妈最好用谅解的方式表达自己的态度，比如"我知道你还想玩娃娃，但现在是时候该去睡觉了"。

2. 改变责备用语方式

命令或者斥责，有的时候并不会产生很好的效果。这种说话的方式，很容易会导致孩子的反感，甚至是出现逆反心理，形成孩子日后的反叛性格。所以，比如在更正孩子爱叫别人外号的情况时，就不妨这样对孩子说："这样叫人家是不对的。"同样的道理，因为用语方式的改变，而让孩子更加乐于遵循才是教育的良策。

3. 处理状况保持冷静

孩子看电视时间长，要孩子关上休息一会儿，而他却屡劝不听，妈妈可能最后就会恼羞成怒，对着孩子大呼小叫。这只会让妈妈更加愤怒，让孩子更加抗拒执行你的命令。因此，妈妈要学会控制自己的情绪，不轻易地向孩子宣泄愤怒和沮丧，冷静地处理问题。尤其是当孩子闹情绪的时候，妈妈就更不能发火。相反，妈妈此时最应该给孩子树立一个冷静处理问题的榜样。告诉他做了什么不对的事情，并且给他一个可供选择的更好的建议。

妈妈要了解孩子，就必须多跟孩子接触，从孩子的语言行为中了解他的想法、喜好、内在的需求等。只有了解了孩子，才能够与孩子搞好关系。

向孩子学习，和孩子一起成长

有一位教育专家曾经对所有妈妈郑重提出："我们从没有像现在这么需要以孩子为师……"在这样一个时代，孩子走在了妈妈前面——妈妈不再是知识的权威，反而是孩子每天给妈妈带来最新的知识，妈妈开始面临从未有过的挑战。

妈妈应该地认识到现代社会是一个两代人共同成长的社

会，现代教育是两代人之间相互影响、相互学习的教育。由此，"向孩子学习"这一口号的提出，并不是作秀，而是妈妈不甘落伍的心灵写照。如果妈妈都能够真正做到这一点，不仅能够填平两代人之间的鸿沟，而且在孩子的心目中，妈妈会树立起一块人格的丰碑。

1. 为什么要向孩子学习

在开放的环境中成长的孩子眼中，妈妈已不再是绝对权威，同辈群体的影响日益增强，他更关注自我的发展，与人相处更注重原则，认识的广度越来越大，面对新环境的应变能力不断提高，他是新世界观、人生观、价值观、审美观、生活方式的创造者、倡导者、领先者。今天的孩子具有许多的优秀品质，乐于接受新事物和新思想；主体性增强；平等意识、法律意识和自我保护意识增强，有较强的公民意识和环保意识：相信事实：有积极的休闲态度；兴趣爱好广泛，等等。

2. 怎样向孩子学习

向孩子学习，妈妈必须放下架子，走进孩子的世界。妈妈具有的价值观念、知识、行为方式及习惯有很大一部分已经难以适应社会发展，而成见、生活经验以及越来越多的惰性常常阻碍你看到这些变化。但孩子出生在新的时代，成长在新的时代，对这个新的时代有天然的适应能力，在这种情形下，妈妈不得不向年青一代学习，以便从他身上感受到社会的变化，在他的帮助下适应新的社会。现代社会迫使妈妈转变观念，接受并追崇这样一个理念，向孩子学习应该是成年人真正成熟和睿智的标志之一。如今知识经济社会高速发展，互联网非常普及，知识来源也多元化，孩子用几年时间学到的东西可能与成人以前三十年时间掌握的一样，孩子将自己的兴趣、爱好、知识、经验、理念反哺给成人已经成为必然。

南京妈妈戴仲燕和女儿陈昕冉就联手打造了"E 代奇遇"的佳话。

2002 年 2 月 20 日，在古都南京凤凰台饭店，一位普通的美国人和一个中国女孩的见面，谱写出一段网络时代的国际交往和学习的佳话。

2000 年 10 月 12 日，南京艺术学院附中初三学生的陈昕冉（小名晨晨）为寻找英语学习伙伴，一次偶然的机会在互联网上发现了一位迫切寻找中国笔友，名叫埃里克的美国人。在此后一年多的时间里，他们用中文、英文交替的方式互通了 300 多封邮件。来自美国马里兰州巴尔的摩市的埃里克，是一位自幼喜欢中国文化的教师，也是抱着提高自己外语学习水平的目的，早过了而立之年的他对和晨晨在网上交流充满着同样的热情，二人达成"协议"：不管怎样，每周至少给对方写一封长长的电子邮件，有什么想法就向对方提出来。

他们一年多往来的 300 多封电子邮件集结出版成书——《E 代奇遇》。

晨晨的母亲戴仲燕，自从晨晨上网，公务家务之外又出了一项"特务"：女儿邮箱的鸽与鹰。做鸽派时会殷勤地为女儿提供软硬件，乃至为在电脑前苦思冥想的女儿端茶擦汗；做鹰派时则眼疾手快地删除过不少鬼把戏。她经常与女儿一起查字典、找图书，与女儿惬意地在互联网的神奇世界里遨游，《E 代奇遇》不仅见证了他们之间这段充满传奇色彩的网络交流历程，更是成为中美两国人民友好交往的又一实证，也真切地再现了一段戴女士伴随着网络自我成长的历程。

这个例子告诉人们的不仅仅是一段网际学习和交流的佳话，更是为我们提供了一种启示。它引导我们去理性地思考：如何与时俱进，与孩子共同成长。向孩子学习，你会找到一个新的给自己生命注入活力的渠道，发现一个重新思考教育和人生问题的新的观察点：向孩子学习，你会重新去理解领悟生命的本质、生活的品质。

两代人相互学习，共同成长。妈妈只有创造一种融洽的学习氛围，在家庭学习中倡导互相尊重、平等相待，才能真正将"向孩子学习"落到实处，真正实现两代人互相学习。

妈妈爱读书，孩子爱学习

现在，有很多的妈妈恨不得自己的孩子从小就现出一位天才的形，可怕的是，往往有那么一些孩子根本不领妈妈的情，你越是想让他爱上读书，他越是反感读书。

怎样激发孩子的学习兴趣，培养孩子良好的学习习惯和学习能力，这似乎是令不少妈妈头疼的问题。许多妈妈抱怨孩子太贪玩，书本对他好像没有什么吸引力。岂不知孩子的学习习惯与妈妈的教育方法有很大关系。

1. 妈妈影响孩子

妈妈的读书兴趣，在一定程度上会影响到孩子的学习兴趣，从而间接地影响孩子的学习成绩。孩子生长在一种充满学习气氛的环境中。很容易萌发一种自发学习的需要，以至于形成一种千金难买的自觉学习的行动。因此，妈妈应率先热爱学习，形成家风，以自己的言行熏陶子女。调查表明，许多学业不良儿童的家庭缺乏良好的学习气氛，妈妈经常约些朋友晚上打牌、闲聊、外出跳舞等。试想处于这种环境的孩子怎么可能安心学习。

2. 妈妈也要学习

妈妈可以根据兴趣订阅一些报纸杂志，不仅自己拓宽知识面，以便有与孩子交流的背景知识，还可以以书中的某些内容为话题与孩子进行讨论与交流，这对做孩子的榜样、促进孩子学习、促进亲子情感交流、防止"代沟"的产生等都有非常重要的意义。

很多妈妈问及"代沟"问题，总觉得是孩子大了不听管，其实根本原因在于有的妈妈平时不注意自己的学习与积累，缺乏与孩子沟通交流所需要的知识，在孩子心目中已不再占有权威的地位。可有的妈妈仍然行使妈妈的权力，这样就会导致孩子的反抗心理，你说什么他就反驳你什么，交流不起来；要么说什么都不听你的。所以妈妈应该不断更新思想，这样对孩子的影响也是非常重要的。

妈妈从不读书的家庭，孩子很难知道学习为何物，更无法体会到学习的乐趣，因此也就无从爱上学习。总的来说，就是通过一些技巧，帮助孩子从依赖学习经由分享学习过渡到独立学习。在这个过程中，学习由一个接受的过程变成一个类似于游戏的建构的过程，孩子会积极地参与其中。

3. 妈妈阅读的作用

有人曾经在两所妈妈来源差异较大的小学里面进行了调查。

A小学孩子的妈妈很多都是来自高校，在家中有大量的时间用于阅读和写作；B小学孩子的妈妈大多为普通工作和售货员，其在家中有大量的时间用于看电视、打麻将、聊天。结果发现：A小学的孩子自发阅读和书写行为的时间比较早，自觉地认为阅读和书写就是生活的重要组成部分；而B小学的孩子发生自发阅读和书写的时间很晚，根本不将阅读和书写当作生活的重要组成部分。

研究者要求B小学实验组的妈妈每天在家中进行20分钟的阅读，阅读内容可以是报纸，也可以是任何书籍，要求是必须在孩子面前进行，且阅读时要表现出专注和愉悦。坚持了几个月之后，B小学实验组的学生自发阅读行为明显增加，且开始认为阅读是生活中不可缺少的内容，其妈妈也认为，孩子的学习态度和成绩有所提高。

妈妈应该从孩子很小的时候就养成孩子学习的习惯，研究资料表明，孩子每天看电视3小时，读书兴趣会大大降低。这一研究结果也提醒妈妈，大量看电视会影响孩子的智力开发。

妈妈应该要从自身做起，养成良好的读书习惯，用科学的方法教育孩子。你不妨每天晚上，当孩子静下来之后，耐心地、富有感情地，为自己的孩子朗读上一个故事，这比一味地督促和强制孩子自己看书要有效得多。

保护并鼓励孩子的好奇心

要使孩子对学习有兴趣，就要让他保持一颗好奇心。每个孩子都是带着好奇心来到这个世界上的，妈妈要在安全的前提下，最大限度地满足孩子的好奇心。

孩子的好奇心是智慧的曙光，是兴趣的基础，是聪明的萌芽，妈妈应该给予理解和保护。好奇心的表现之一是好问，这是什么，那是什么，为什么会这样，为什么会那样。当孩子提出问题时，妈妈要耐心地、尽量用孩子能理解的语言给予回答。有些问题，妈妈不懂的，千万不能说："给你讲你也不懂。"或者说："以后老师会告诉你。"更不能想当然胡诌。正确的方法是和孩子一起查资料。

1. 妈妈要保持童心

妈妈应该保持着一颗童心，与孩子一起玩、一起游戏、一起体验大自然的奥妙。比如，从孩子还不会讲话起，每到双休日，全家一起去公园或郊外，让孩子闻闻花香、看小蜜蜂采蜜、小蚂蚁搬家。虽然他还不明白道理，但看着他张得大大的眼睛，就知道孩子是多么想要了解新事物。等孩子一点点长大，他就会问许多问题。你买来科普画册给他看，一些视觉系列图书，内容从太空到热带雨林，还有介绍史前的恐龙、猫科类动物、海洋动物，图文并茂，孩子很喜欢。在讲到太空这一册时，孩子问了很多问题，太空有多大、太空外面又是什么？孩子有了好奇心，就鼓励他多思考，把自己的想法讲出来，做妈妈的也要不失时机地扩展孩子的知识面。孩子有这样的想法很好，说明他在认真地思考了。虽然有些问题在成人眼里看起来很幼稚、很可笑，但妈妈应该要保护好这份难得的好奇心。

2. 多种渠道开拓眼界

让孩子充分地感受生物、天文等自然科学知识，还有与体验、创造力、创意文学等学科相互结合的知识，对求知欲很强的孩子来说，受益匪浅。坚持努力开启孩子的智慧之门，激发他的求知欲望。还要鼓励孩子每天收看央视的探索频道、动物世界，以扩大他的眼界，丰富知识。

指点孩子如何寻找问题的答案

妈妈可以从孩子的反应得知自己的回答是否合适。当妈妈的答案过于笼统或敷衍时，孩子将失去再提问题的兴趣。反之，如果妈妈的回答生动又活泼，孩子将乐于倾听。孩子急于学习、了解他们所不知的事物，所以，身为妈妈应该鼓励满足他的好奇心。妈妈总是在无意间抹杀了孩子的好奇心。当孩子问："妈妈，我如何来到世上的？"妈妈一定会很不好意思地说："去问你爸爸。"而当孩子问爸爸时，爸爸会说："你还太小，不懂这些事，以后你上学了，老师自然会教你。"一旦孩子上学又提出同样问题时，老师又说："你够大的时候妈妈自然会跟你讲这些问题，现在你只要好好念书即可。"孩子所欲知的是"为什么"和"如何"，但是有些问题，学校不一定会教。一加一为什么会等于二，或者地球上为什么会有地心引力。孩子可以学得许多知识，但是却没有机会问"为什么"或"如何"。久而久之，孩子与生俱来的好奇心将消失殆尽。在这个例子中，妈妈以为孩子是问有关性爱的问题，但事实上却是问他是如何降生在此世间。如果妈妈愿意好好地回答他的问题，你等于在无形中帮助孩子建立想象力与对生命、未来的好奇。所以，请用浅显、活泼的字眼来说明，以便孩子能接受。

妈妈应该给予孩子的好奇心以理解和保护。当孩子提出问题的时候，妈妈要耐心地、尽量用孩子能理解的语言给予回答。

把命令变为请求

苏联教育家巴班斯基曾经说："妈妈经常用命令的口气对孩子说话，叫孩子做事，会使孩子产生逆反心理，很难收到预期的教育效果。而一直在命令中做事的孩子，会缺乏主动性，容易形成懦弱的性格，不利于孩子的成长。"

孩子是一个独立的个体，有着属于自己的想法，也有强烈的自尊。孩子希望妈妈能够平等地对待自己，不愿意听到妈妈命令自己的口气，更不喜欢妈妈强迫自己的行为。当妈妈用命令的口吻要求孩子做事时，孩子很容易产生与妈妈对抗的行为。在听到妈妈的命令后，就产生了对立的情绪，结果孩子没有听从妈妈的安排，妈妈也被气得够呛，弄成两败俱伤，导致妈妈与孩子的关系越来越僵。

1. 不要对孩子发号施令

妈妈总是认为对孩子发号施令是做妈妈的权利，命令孩子做事理所当然。而孩子慢慢地长大，有了独立自主的意识，对妈妈命令的口气很反感，认为妈妈不尊重自己，内心产生了逆反心理，不愿意听从妈妈。有的妈妈因此感觉威严扫地，为了维护自己的面子，就更进一步强迫孩子按照自己的话去做，此时孩子与妈妈之间就会产生严重的对抗，影响良好亲子关系的建立。

妈妈用命令的口气与孩子说话，会压抑孩子独立自主的意识，长久下来，孩子就会形成懦弱自卑的性格。即使长大成人后，孩子还会依赖妈妈，遇事不能自主，使一生的生活质量都受到影响。

妈妈都希望孩子能够身心健康地快乐成长，也希望自己的威信永远留在孩子的心中，那么，改变与孩子沟通的方式，不用命令的口气与孩子说话，多从孩子的角度去思考问题，多听取孩子的意见，让他以平等的身份参与到事件的决策之中，这样孩子才会易于接受妈妈的观点，愿意按照妈妈的意愿做事。妈妈的威严和形象在孩子心目中才会高大、持久。

2. 不要用命令的口气

在妈妈眼里，孩子很不听话，因为不管妈妈让她做什么，她总是不听从。而孩子也不喜欢妈妈，原因是他们不尊重自己，老用命令的口气让自己做这做那。这样，孩子与妈妈的关系一直都不是很好。

一次，孩子正在专心画画，妈妈命令她说："你过来帮妈妈烧锅。"孩子不情愿地回答道："我在画画。"妈妈看见她没有起身，走到她面前严肃地说："我叫你烧锅你听见了没有？你还想不想吃饭？"她抬头看着妈妈说："我正在画画，我我画还没有画完呢。""你的画能当饭吃？"她的妈妈说着，拿起女儿画了一半的画，几下把它撕碎扔在了地上，然后再次命令她道："去烧锅！"她看着妈妈野蛮的行为，听着妈妈命令的声音，伤心极了，她怒视着妈妈道："我今天不吃饭！"说完站起身跑进了自己的小屋，把门反锁上了。此后，孩子好多天都不理妈妈，这使她的妈妈意识到自己用命令的口气对孩子说话有些欠妥，但又不知如何做才好。

妈妈应该经常站在孩子的角度去考虑孩子的言语行为，了解孩子的年龄特点，不要给孩子提出苛刻的要求，理解了孩子看问题的角度，不要拿成人的标准去批评孩子，尊重孩子的自尊心理，才不会采取命令的口气对待孩子。

3. 应该学习科学的教学理念

妈妈对孩子用命令的口气说话，要求孩子无条件遵从自己的安排，是传统教育观念中的糟粕。在二十一世纪的当代，妈妈应该不断学习科学的教育理念，改变陈旧观点，尊重孩子的平等人格，而不能无视孩子的意愿和权利，先对孩子强行命令，后又步步紧逼，这样的结果只会是两败俱伤。

妈妈应该放下权威的架子，把自己放在和孩子平等的位置。真正做到尊重孩子，不把自己的想法强加给孩子，只是提出想法和建议，让孩子自己选择。很多妈妈之所以不让孩子自主选择，是因为担心他犯错误。但是，孩子正是在错误中成长的，妈妈应该给予孩子充分的信任。

当妈妈的想法跟孩子有冲突的时候，不妨换位思考一下，如果有人不尊重自己而只是要自己听话，自己会是什么感觉。这样，你就会更多地理解孩子的行为和想法。

妈妈对孩子少使用一些命令的口气，多一些商量的方式，就会使孩子改变对妈妈的抵触，消除或减轻两代人的隔阂，从而使妈妈与孩子之间形成温馨友爱的氛围，这些不但体现了妈妈的修养与教育有方，也会使孩子变得更加懂事、可爱。

妈妈不要用命令的口气对孩子说话，放下自己的威严，把孩子当作平等的朋友，妈妈一定会体验到非常美妙的亲子境界。

不要对宝宝吝啬你的时间

经济越来越发达，在我们周围，父母也不断提高着家里的物质生活条件，给宝宝买各种吃的穿的和玩具，让宝宝上各种辅导班，而且从不会心疼。可是，有一个东西，父母却对宝宝越来越吝啬，那就是陪宝宝在一起的时间。父母总是用各种各样的托词，比如工作太忙，身心疲惫等等，来减少和宝宝在一起的机会，却不知，没有父母好好陪伴的宝宝，成长的路上容易"走偏"。

宝宝和父母在一起时流露出的安全感，还有放松的心态和那些由衷的快乐，是和任何其他人在一起时所无法体会和拥有的。在与父母的情感交流中，宝宝能领悟到"被爱"的幸福感觉，进而从中领悟到什么是爱，然后懂得怎么去爱别人。

生活节奏越来越快，父母的确是有许多工作要做，有没完没了的社交活动要去应酬，家庭的压力和为宝宝创造经济财富的重任也让大家喘不过气来。是的，父母会说，这都是为了宝宝的将来，但是，这些事情比起宝宝的人之初，都可以缓一缓。宝宝在成长的最初几年里，更需要的是父母能陪他一起成长，而不是物质的东西或者其他人的照看。

父母要知道，和宝宝在一起相处的时间是很重要也很宝贵的。

1. 能全职的时候不要放弃

很多父母总会抱怨，现在的宝宝真难管呀！宝宝不听父母的话，还是老师的话比较有说服力。却不知，多陪宝宝，和宝宝一起玩耍交流学习，就是最好的家庭教育，这样下去，宝宝又怎可能成为难管的宝宝呢？所以，为了宝宝的健康成长，父母应该空一个人出来，当宝宝的全职父母，陪宝宝走过最初也是最关键的这几年。

2. 老师这样说——可怜的笑笑

小班里有一位比较特殊的宝宝，笑笑，今天年四岁半了。

我去过他们家，可以说，他是啥都不缺，要什么有什么，能说上来的零食，家里几乎都有。各种新奇的玩具家里都放不下了。笑笑有自己单独的大房间，玩具多得让来过他家的小朋友都不愿意离去，各类童话书和光盘也是摆满了书架。爸爸妈妈为他请来的保姆对笑笑的衣食照顾得可谓细致入微。笑笑长得壮壮的，很少生病，安全也让爸爸妈妈绝对放心，因为除了自己的房间，笑笑不能自己一人到其他的地方去。

可是通过了解，我得知，小宝宝却没有一天看起来是很开心的。他常常叫喊着："我要妈妈"，"我要爸爸"。每天爸爸妈妈上班前，他必定会大哭一场，说爸爸和妈妈说话不算数。的确，爸爸和妈妈几乎每天早晨都答应晚上会早点回家，至少在他睡觉前回来，陪他一起入睡。但是基本上都有没有兑现。说实话，爸爸妈妈对笑笑也感到很内疚，可是他们真的很忙，忙得根本就没时间管笑笑。而且爸爸一年有 6 个月都要出差。还好，保姆还是比较仔细的，对笑笑照顾得无微不至。可是笑笑"我要妈妈""我要爸爸"的哭声，却时时吞噬着笑笑爸爸妈妈的心。我心痛地发现，笑笑的名字与他的生活是多么截然相反的两面啊。

亲情对于宝宝来说，就像阳光、空气和水分对植物一样。现在的宝宝都很富有，却也很贫穷。宝宝的物质生活再丰富，也抵不过父母的陪伴和呵护。宝宝可以没有奥特曼和零食，但不能没有父母的陪伴。其实，每个父母都可以成为最优秀的教育专家，只要你愿意多留出一点时间给宝宝。

3. 陪宝宝学习

宝宝的学习能力毕竟还是有限的，如果有父母的陪伴，一定会收到很好的效果。父母要试着去做和宝宝一样大的宝宝，陪着宝宝一起学习和练习。宝宝会喜欢上学习并享受学习的过程。建议在这个过程中，宝宝就是做错了，父母也要耐心，让宝宝自己去纠正，这样宝宝会更有学习的劲头。如果父母多留意的话就一定能发现，陪宝宝一起学习与不陪比起来，宝宝学到的更多，而且学习兴致也高许多。不过，这里说的陪，只是要父母抽一些时间来陪宝宝成长，而不是一直守着宝宝，或者为他安排学习的所有事情。

忙碌的父母怎样挤出时间来陪宝宝呢？比如在宝宝幼儿园放假的时候，父母可以把年假的时间调到宝宝的假期时间里，陪宝宝一起策划一次出游或者野餐。还有一些零碎的时间，父母都可以利用起来。比如每天午休的时间，还有下班后的时间，以及周末的时间，都可以充分利用起来为宝宝做很多事。在这些时间里，父母与其坐在办公室里和同事闲聊，还不如给宝宝打个电话，问问他在干什么，让宝宝随时都能感受到父母的爱。还有，父母可以轮流陪宝宝，这样也可以减轻一些压力。

培养宝宝的创新思维

前边讲到了宝宝发散思维的培养，在这里我们进行一个更高层次的提升，即：培养宝宝的创新思维。大家都知道创新早已成为社会热点，它是一个民族前进的不竭动力，是一个人成长中必不可少的能力。那么，我们来一起探索一下如何培养宝宝的创新思维。

首先，我们要明确一个问题，"创新思维"和"发散思维"

是有一定关系，却不相同的两个概念。发散思维是创新思维的一个重要组成部分。可以说：人的创造能力 = 知识量 × 发散思维。从这个公式可以看出，创造能力是与发散思维能力成正比的。"创新思维"是"发散思维'的方向，其精髓是形象思维与抽象思维的高度统一，是科学与艺术的完美结合。所谓创新思维，就是说主体在创新意识下，依据研究对象所提供的各类信息，按照科学的思路，灵活运用各种思维方法，而形成有一定价值的新观点、新理论、新方法和新产品的思维活动。创新思维具有独立性、灵活性、多向性和综合性等特征。创新思维是众多思维方法的综合，它的内容很多，主要包括：逆向思维、组合思维、类比思维、横向思维、曲向思维、求异思维、发散性思维等等。其中，发散思维是创新思维的核心。

两三岁的宝宝刚刚开始认识世界，对一切都充满好奇，这正是启发宝宝创新思维的最佳时机。培养宝宝创新思维的途径有很多种。最重要的就是父母们能否结合日常生活中的素材，随时、随地、随机地启发宝宝创新思维的问题。下面，介绍一些启发宝宝创新思维的具体方法。

1. 创造环境，培养宝宝的创新兴趣

古人说过："知之者不如好知者，好知者不如乐知者。"宝宝年龄小，又没有经验，他们的学习没有意识和明确的目的。宝宝们极易被感兴趣的内容所吸引，常常凭兴趣去认识事物。所以父母们要为宝宝创设一个能激发宝宝好奇心和兴趣的良好环境，以引发宝宝探索的兴趣，这样也就为宝宝自主参与探索创新创造了良好的条件。

比如在宝宝的小书房，父母为宝宝准备红、黄、蓝三种颜

色的水和小瓶。让宝宝任取颜色相互搭配，宝宝便会发现，瓶中的颜色一会儿变深，一会儿变浅，一会变绿，一会变紫，十分奇妙。于是宝宝就会产生很大的兴趣，去进一步尝试和探索，在这个过程中他就是不断地进行着创新思维。

2. 利用宝宝好奇心激发创造积极性

好奇、好问是宝宝们的天性，是他们萌发创新能力的起点。只有在对事物产生好奇时，宝宝才会去思考和探索，逐步发展创新或创造的能力。

也许你也有这样的经历，宝宝常常会问你："妈妈，雾是哪里来的？""爸爸，你说太阳下山了，那它去了哪里？"有时候，奇怪的问题的确能把父母们难住。但是这种情况下，父母决不能厌烦，用三言两语打发宝宝，或批评宝宝不该胡思乱想。父母要珍惜宝宝的好奇心，每当发现宝宝智慧的火花，就应采用"助燃"方式，鼓励宝宝提问，并引导宝宝自己去思考，去想象，去创造，去寻求答案。

3. 父母要多给宝宝提问题

①多问宝宝几个"假如"。父母可利用日常生活中的一些状况来问宝宝，比如，看见消防车，就问宝宝："假如咱家着火了，你怎么办？"他可能会说："我要找奥特曼来救我。""那如果奥特曼有事来不了呢？"这时，宝宝可能就会安静下来，仔细想出很多办法，这样就启发了他的创造力。

②启发宝宝找"替代"。比如：带宝宝去郊游的时候故意不带水杯，让宝宝自己找个替代的办法。

③关于想象的问题。比如可以让宝宝想想看100年后的家乡会变成什么样子？等等。

④组合的问题。父母可以给宝宝很多不同的材料，让他任意组合，宝宝就会发挥它的创造能力去拼凑组合了。

4. 老师这样说——我和宝宝玩折纸

星期天的时候，我没事干，我就院子里的小宝贝们集中到了一起。这些宝宝，最大的只有五岁半。我发给宝宝们数张彩色纸，想看看他们能用这些彩色纸折出些什么形状。并且，我先说明了自己的意思，还给他们做了一个简单的示范。我的这个活动设计启发了宝宝们。很快，他们就折出了长方形、三角形、正方形等许多几何图形和一些不规则不成样儿的图形。有的小朋友还充分展开想象，告诉我三角形像天空飘下来的雪花，圆形像妈妈买回来的饼干……后来，在几个小宝贝的带领下，大家开始将折好的图形往一起组合。有的用椭圆形和正方形组合在一块并告诉我那是圆顶房；有的用三角形和长方形组成一体说那是尖顶房；有的宝宝用长方形正方形还有圆形组成了自己的"小汽车"，有的用彩纸折出了不同形状五颜六色的鱼；还有的宝宝将折好的图形拼贴组合成了春天的景象，等等。宝宝们的创造性思维得到了充分体现，创新能力得到了很好的培养。同时，他们也让我感到很震撼，没想到他们小小的脑袋里竟然装着那么多的东西，竟然能想出那么多的图案来。

宝宝陪着父母渐渐长大，他开始认识世界，对一切都感到好奇和新鲜。这正是启发宝宝创新思维的最佳时机。只要父母引导得好，宝宝的创新思维就会顺利得到发展。

父母要多给宝宝鼓励，多给宝宝创造尝试和创新的条件和机会，让宝宝通过大量的实践活动，培养创新思维和创新能力。

感知幸福的能力

感知幸福，也是影响宝宝一生的能力之一。宝宝只有在小的时候学会感知幸福，进而懂得幸福，那么他长大之后才会寻求幸福，制造幸福，成为一个幸福的人。感知，是很细腻的东西，感知幸福就是用宝宝纯洁的心灵去感受生活的幸福，当宝宝懂得了幸福，他就会成为一个真正幸福快乐的人。那么怎样去培养宝宝感知幸福的能力呢？

幸福，是一种内在自知的体验。幸福对于每个人都是公平的，它存在于生活的角角落落，存在于人们的心中。幸福需要我们自己去感知，一个人拥有细腻的感知幸福的能力，那他就会一直拥有很多的幸福，才会将生活每一天都过得舒适、坦然、快乐。

1. 父母的幸福感关系到宝宝的幸福

讨论宝宝的幸福之前，父母们要先问问自己是否幸福。每个宝宝来到这个世界，首先接触而且朝夕相处的就是自己的父母。父母就是宝宝的榜样和模仿对象，他们是宝宝的晴雨表。如果父母在宝宝眼里一直是幸福的样子，宝宝就会牢记那种样子，然后自己也去感受那种表情背后的东西，等他长大后自然就会去寻找儿时记忆里幸福的样子。只有在幸福的父母身边，宝宝才能够学到感知幸福的能力。所以，父母一定不要在宝宝的生活里留下不幸福的影响，尽量不要在宝宝面前争吵、生气等。

2. 帮宝宝感受幸福

宝宝和父母是完全不一样的。他们对自己生活的环境没有偏见，而且好奇心和求知欲非常强烈。他们总喜欢自己去探索那些未知的东西，也喜欢在遇到自己解决不了的困难时寻求父母的帮助。在这个过程中，父母要把幸福感当作一件神圣的礼物，认真地送给宝宝。用自己的爱与细心和耐心去呵护宝宝幼小的心灵，让他们能真切感觉到父母带给他们的幸福。

3. 让宝宝在与外界的交流中感知幸福

父母要多给宝宝一些与外面世界交流的机会，哪怕只是带着宝宝去外面走走，宝宝们也会感到无比幸福和满足。梦想虽然不是当下现实，甚至成为现实的可能性很薄弱，但有梦想的那段时间，是幸福的。换言之，有所愿望、有所想要、对于未来有所希望之时，就会感到幸福。家以外的世界有着许多宝宝没接触过的东西，多带着宝宝接触外面的世界，能够加强宝宝的感受能力，对于宝宝感知幸福的能力会有很大的帮助。

4. 帮助宝宝珍藏自己的幸福

父母要帮助宝宝学会珍藏自己幸福的记忆。比如，给宝宝拍一些幸福生活的照片，并让宝宝用自己的语言去描绘自己的感受，用简单的字句记录下来。这样能够帮助宝宝更多地记住那些让他感觉快乐的事情。没事的时候翻出来看看，将那些快乐的时光重现，会使宝宝更加清晰地感觉生活很快乐和美好，会在他们心里渐渐产生幸福的感觉，而且，这样宝宝容易将幸福感长久保持下去。

5. 老师这样说——引导宝宝认识自己的幸福

2010年3月，我来到了这家口碑一向很好的育人幼儿园，参与了他们的一节幸福感受课。上课后，老师问宝宝们："你们幸福吗？"小宝贝们异口同声地回答："幸福！"老师接着问：

"那你们在什么时候感觉幸福呢？"宝宝们一时鸦雀无声，他们看向老师的眼神里写满了迷惑。过了一小会儿，有一个宝宝举起手来，回答说："我过生日的时候最幸福。"老师不失时机地鼓励宝宝："嗯！你说得很好。那你的生日是怎么过的呢？"得到老师的认可后小宝宝打开了话匣子："爸爸给我买了好多玩具，还有生日蛋糕，妈妈还带我去游乐园玩！"老师笑着对发言的小宝宝说："你的生日过得真幸福啊！"接着，很多小朋友都举了起来："和爸爸妈妈去公园玩很幸福。""妈妈给我买糖葫芦很幸福。""我背上新书包时很幸福"……宝宝们七嘴八舌说得越来越多，我在一边开心地听着他们的回答，觉得这个世界被幸福包围了。后来老师又给小宝贝讲了旧社会穷苦宝宝的艰苦生活故事，这时又有小宝宝说："老师！我们能坐在宽敞明亮的教室里上课，就是幸福。"有小宝贝不甘示弱地说："能和爸爸妈妈在一起生活，就是幸福的。"那些充满稚气的童音争先恐后地道出了自己感受到的幸福。

一直以来，我们的宝宝们在父母的悉心呵护下，习惯了衣来伸手，饭来张口，忽略了幸福的存在。其实，幸福存在于人生中的许多时刻，它就在我们的感知中。可以说，宝宝们的每一个快乐感受都是他们的幸福。只有感知到了快乐的存在，然后进一步感知幸福的样子，宝宝慢慢才会懂得什么是幸福，也就会拥有一颗敏锐的感知幸福的心灵。

父母可以通过认可宝宝的方式，给宝宝信心，让宝宝意识到自己的价值，宝宝拥有了信心，也就会慢慢地学会去寻找幸福，感知幸福。

6. 让宝宝当"领导"

在宝宝群体中，有些宝宝常常表现出较强的组织和领导才能，他们能够敏感地发现别的宝宝发现不了的东西。而且这样的宝宝往往喜欢参加各种集体活动并经常在活动中负责一些比较重要的工作。他们大胆开朗，常常能提出具有建设性的意见，并能感受到其他宝宝的认可。其实，宝宝的领导能力不是天生的。父母可以通过后天的培养，让宝宝具备一定的领导能力。

宝宝群体中的领导与父母群体中的领导意义是不同的。往往是因为一个宝宝比较自信，他的语言表达和思考能力以及独立解决问题的能力等比其他同龄的宝宝更强，因而得到了同伴对他的信任和佩服。领导能力是由各种能力综合决定的。所以，父母要从各个方面来培养宝宝的领导能力。

提高宝宝的自制力

有自制力的人较少受外界因素干扰，遇到困难和挫折，忍耐力也较强；做事有计划，有一定的生活自理能力；能控制自己的情绪和换位思考。宝宝们良好的心理就包括自制力，父母们要注意宝宝自制力的培养。

自制力是宝宝自己控制和支配自己行为的能力。父母应该如何培养宝宝的自制力呢？

"他制"到"自制"

宝宝太小，没有足够的能力判断和评价自己的行为是否正确，所以父母就会对宝宝进行一些相应的管教。一开始，宝宝基本上懂得"应该这样做""不应该那样做"，即使并不能完全理解为什么，但是终究会习惯成自然。等宝宝慢慢能够理解自己的行为与父母要求的差别之后，父母就要试着让宝宝明白为什么应该做和不应该做。等宝宝渐渐明白了那些道理之后，就会慢慢自己去约束自己的行为了。

生活中的锻炼

在家庭日常生活中，父母培养宝宝自制力的方法有很多。比如让宝宝天天自己叠被子，收拾自己的小房间，一开始宝宝会觉得新鲜，很容易做到，时间一长，宝宝可能就会逃避。父母一定不要心软去帮宝宝，这正是锻炼宝宝自制力的良好时机。父母可以通过各种鼓励和讲道理来激发宝宝继续下去的韧劲。榜样的力量在前面我们就提到过，宝宝好奇心强而且特别善于模仿。那么，父母就要为宝宝树立好的榜样。在日常生活中，遇到困难或者事与愿违时，父母要注意让宝宝看到自己的处境，而且，一定要在宝宝面前有自制力。可以一边说自己很想干什么，一边又告诉自己不可以做，还有为什么不可以，然后打消念头。宝宝经常看到父母这样自己约束自己，日子久了，他就能学会说服自己，管理自己。

游戏里培养自制力

我们都已经知道，在游戏里让宝宝学习，是一种非常好的方法。所以，父母可以通过一些简单的小游戏来锻炼宝宝的自制力。比如"木头人"（父母和宝宝比赛，看谁一动不动坚持的时间最长）的游戏等等。宝宝一颗心都扑在了游戏上，就不会感到学习自制力的压力了。由于他们不愿服输，不知不觉中，通过玩耍，宝宝就提高了自己的自制力。

建立制度培养自制力

很多家庭现在都提倡"契约教育"，不是没有一定的可取度。父母可以和宝宝一起制定一些日常生活准则制度，比如宝宝玩游戏的时间、父母看电视的时间、去游乐园的次数等。当规矩定下来后，就不能再变动，宝宝和父母都要去严格遵守。当有人做不到时就及时提醒他，这样宝宝在和父母一起遵守制度的生活中，慢慢也就养成了一定的自制能力。老师这样说——班上有位比较特殊的宝宝，倩倩。她4岁开始学芭蕾，5岁学电子琴，6岁学绘画和书法，应该说是多才多艺吧？可是她一样也没学到能操作自如的程度。她的爸爸妈妈都觉得很苦恼。在幼儿园我们经常能发现，这宝宝遇事总是3分钟热血，而且自制力很差。每次老师给大家讲新的课程时，她就开始走神做小动作了。而课堂上任何一点新的变化，都能吸引她的注意力。比如，那天舞蹈课老师上课刚上到一半，小倩倩就举手要求发言，意外的是，她发言的内容竟然是："老师，您的新衣服真漂亮，上面的花朵是不是您自己绣上去的呢？我妈妈也会绣呢。"而且每到美术课上，她总是画还没画几笔，就跑到教室外面去了，因为别的小朋友的嬉闹声吸引了他。老师和倩倩讲了很多次，要学会自己管自己，要像别的小朋友一样上课时认认真真地学习，不要理会外面的声音，不要还没做完自己的事情就又去干别的事情……每次倩倩都会很认真地点点头，并向老师保证她记住了，知道该怎么做了。但是一转眼，她就又是老样子了，完全没有一点自制力。后来通过倩倩妈妈的讲述我还知道，虽然倩倩已经六岁了，但是她在家里几乎什么也不会做。

大部分宝宝都喜欢无节制地向父母提要求，今天想要新玩具想看动画片，明天想打游戏想去游乐园……这样的事情，在宝宝的生活中出现的次数太多，就会让宝宝成为为所欲为的小孩，完全丧失了自制能力。而且，客观上父母也不可能满足宝宝所有的要求，所以，在宝宝的成长过程中，父母们一定要特别注意从生活的点点滴滴去培养宝宝的自制力。

宝宝自制力的形成会有一个过程，所以父母和宝宝不要急于求成，而且，在这个过程中一定会有反复的现象。当宝宝表现不尽如人意时，父母要及时坐下来和宝宝一起分析原因和对策，而不是简单粗暴地教训宝宝。

让孩子感知嗅觉和味觉

嗅觉与味觉有着密不可分的关系，它们是儿童认识外界事物、探索世界奥秘的重要途径，对儿童生理、心理的发展具有促进作用。嗅觉和味觉是人类最初维护生存、防御危险、认识事物、积累经验的重要手段，因此，对嗅觉、味觉的训练，同样会促进儿童感官功能的全面发展。

灵敏的嗅觉可以使宝宝防患于未然，及时发现潜在的危险。丰富的嗅觉经验，还能促进宝宝身心的成长与平衡，为宝宝大脑发展助力。

故事的天空

翘翘一进门，就嚷着说家里一定买了许多好吃的，然后就努着小鼻子嗅个不停，连鞋也顾不上换，一路嗅过去。咦，苹果，通过灵敏的小鼻子，他在茶几下发现了几个又红又大的红富士。

这可是他最爱吃的水果，不过他现在还不能坐下来吃。他的小鼻子又带着他去一路寻找了。

通过小鼻子，他在自己的小房间发现了一个菠萝，在厨房里发现了一只烤鸡腿，从奶奶的床头发现了蜂蜜麻花儿。

人家都说眼睛里不揉沙子，翘翘的小鼻子更厉害，没有他闻不到的气味。最早发现他小鼻子异常灵敏是在一天夜里，全家人都准备入睡了，翘翘却不住地用小鼻子在房间里闻来闻去。妈妈说已经不早了，赶紧睡觉吧。

翘翘说有一种难闻的气味，妈妈听后也抽动鼻子嗅着，可是什么也没有闻到。翘翘突然爬下床，探头向前嗅着，拉着妈妈的手要妈妈和他一起去寻找味道的来源。妈妈没有办法，只好下床随着他向前走去。最后在厨房找到了味源，原来是燃气阀没有关紧。妈妈到了厨房，才隐隐感觉到有些煤气味儿，不知道隔着几个房间、几道门，小家伙是怎么嗅到的。

翘翘的小鼻子怎么这样灵，能嗅出别人嗅不到的气味？

嗅觉能力是一种最原始的感觉，宝宝在胎儿时期嗅觉器官就已经成熟，他们出生后，凭借成熟的嗅觉能力来辨别妈妈的气味，寻找妈妈的乳头。嗅觉还能使宝宝感到有安全感，由于一出生就和妈妈在一起，妈妈身上的气味自然牢牢地记住。即使妈妈不在身边，宝宝只要闻到妈妈的气息，也能感到有安全感。当宝宝哭闹不休时，将留有妈妈气味的衣服放在他的枕头下，就可以帮助宝宝安然入睡。

嗅觉是在动物世界里被运用最多的一种感官，动物们通过嗅觉来分辨食物和环境是否安全，以及来者是同伴还是敌人。嗅觉对于人类来说也同样重要，对食物和气味的分辨需要嗅觉，通过嗅觉还能察觉到环境是否安全。嗅觉会提高脑部对气味的灵敏度，使脑波变大，令脑部的运作更灵活。

一般来说，7个月的宝宝开始能分辨出芳香的气味，到2岁左右就能辨别所有的气味了。只是宝宝语言系统还不完善，即使嗅出了味道，也不能准确表达出来。既然宝宝天生嗅觉系统发达，是不是就不需要进行嗅觉训练了呢？蒙台梭利告诉了我们答案，"对儿童进行嗅觉训练不仅可以增强他们嗅觉系统的良性发展，而且可以使他们的嗅觉更灵敏。嗅觉发展越灵敏的儿童，对各种味道越有着敏锐的感知和辨别"。

重视宝宝的嗅觉训练，对他们健康成长大有好处。宝宝丰富的嗅觉经验，能促进其身心的成长与平衡，有助于大脑的发展。反之，宝宝的嗅觉不健全，本该嗅出的味道却不能辨别，会使宝宝反应迟钝、辨别力差，还会影响到注意力及记忆力的发展。特别是对隐藏的有毒物质和危险品不敏感、不警觉，会给宝宝带来更大的危害。所以，嗅觉训练不是可有可无的，而是非常必要的。

气味是无处不在的，嗅觉是生活中最容易被忽视的一种感觉。为了让宝宝拥有一个灵敏的小鼻子，爸妈要积极为宝宝创设适宜的环境，系统地对宝宝进行嗅觉训练。

1. 闻闻罐子中的味道

准备几个空八宝粥罐，里边分别装上不同味道的物品，如茶叶、大料、花椒、香精、韭菜等，做成不同味道的嗅觉罐。妈妈打开盖子，让宝宝闻一闻，告诉他里面的东西，然后盖上盖儿。用同样的方法，依次告诉宝宝这些东西的名称。然后让宝宝闭上眼睛，打开一个嗅觉罐，让他说出是什么气味。也可以让宝宝闻其中一个物品，然后打乱顺序，看宝宝能否准确找出。或者将这些物品分装成两组，让宝宝进行嗅觉配对。

2. 闻闻大自然

大自然里的味道可多了，每一种植物都有独特的气味，兰花的淡雅、玫瑰的浓烈、小草的清香，到了秋天果实成熟的季节，各种各样的果香就更浓了。爸妈带宝宝外出时，可以有意地引导宝宝观察大自然，让宝宝尽情地享受大自然中的各种气味。这不仅锻炼了宝宝的嗅觉，还加深了宝宝对生命的理解，激发他对大自然的尊重和热爱。

3. 迷人的花香

花的芳香是迷人的，紫罗兰和茉莉的花香不同，丁香花有着淡淡的苦味，菊花甜丝丝的。宝宝通过闻各种花的芳香，能扩大嗅觉范围，同时也会心情舒畅。可以采集野花，也可以利用家中的花卉对宝宝进行训练。将宝宝的眼睛蒙上，把一束花靠近他的鼻子，让他闻一下，放回原处，然后解开蒙眼布，让宝宝凭借嗅觉记忆，去寻找闻过的花束。或者拿一枝花和一束花分别让宝宝闻，让他分辨出有什么不同？

蒙氏小语

对儿童进行嗅觉训练，可以增强儿童嗅觉系统的良性发展，并且可以使他们的嗅觉更灵敏。丰富的嗅觉经验，能促进儿童的身心成长与平衡，有助于大脑的发展。

提高宝宝的视觉分辨力

美丽的色彩，吸引着宝宝灵动的眼球。教宝宝识别颜色，不仅可以让宝宝体验美，感受美，还能提高他们对颜色的敏感性和视觉分辨力。

客厅里，3岁的小伊莉正依靠在妈妈的怀里认颜色，在她们面前摆着黄黄的香蕉、红红的苹果、紫中透亮的葡萄。

妈妈指着香蕉说："黄色。"

小伊莉用小手摸着香蕉说："黄色，黄色的香蕉。"然后指着苹果说"红色"，指着葡萄说是"紫色"，小伊莉学得很上心。当妈妈说出"黄色"时，她立刻举起香蕉连连说着"黄色的，黄色的"，其他几种颜色也能流利地答出。

妈妈很有成就感，觉得自己的女儿十分聪明。当感到口渴时，打开一瓶橙汁，黄黄的液体倒进杯子里时，妈妈决定再验证一下。

妈妈举着杯子问："这里面装的是什么呀？"

小伊莉回答得很干脆，脱口而出："橙汁。"然后舔了一下嘴唇，"甜甜的，酸酸的，好喝的。"

妈妈把橙汁放到香蕉旁，让小伊莉看着，问："杯子里的橙汁是什么颜色的呀？"

小伊莉看了半天，扬起小脸，对妈妈连连摇着头，一脸茫然。

妈妈有些不解，指着香蕉问："这是什么颜色？"

小伊莉立即说出："黄色。"

妈妈说："橙汁和香蕉不是一个颜色吗？"

小伊莉又回答不上来了。

妈妈觉得不可思议，拉着女儿的小手，让她看红色的窗花，期望她能说出红色，结果很令人失望。

妈妈觉得孩子真是太笨了，同样的颜色，香蕉就知道是黄色的，橙汁却不知道什么颜色，难道是孩子的视力有问题吗？

在生活中，许多爸妈有过这样的体验：指着香蕉认黄色，指着苹果认红色，结果，宝宝看到苹果才说红色，而看到红色气球却不认识颜色了。

问题还是出在爸妈的身上，与"黄色"或"红色"对应的，不仅是颜色，还有形状、材质等多个属性。蒙台梭利告诉我们，在教孩子认识一种色彩时，一定要为他们提供相同颜色，不同形状与材质的物品，当孩子找到内在的规律，才能完全认识这种色彩。否则孩子没有比对，觉得不是香蕉，即使是黄颜色的，他也不认识。而教孩子认识不同颜色时，则要为他们提供形状与材质都一样的物品，唯一不同之处就是颜色，这样，孩子才能够把观察力都集中在区分色彩的差异上。

眼睛对于色彩的认知要比光觉晚得多，5个月后宝宝才开始辨认色彩，4岁左右逐渐发育完全。每个人对于色彩的感觉能力也不尽相同，除了受先天条件限制外，主要受环境和教育的影响。多和宝宝做一些识别颜色的游戏，让宝宝进行色觉练习，不仅可以提高他们对颜色的敏感性和视觉分辨力，还可以及早发现宝宝在颜色识别中的潜在问题，如色盲、色弱等，及时采取相应补救措施，从而最大限度降低由此造成的生活障碍。

教宝宝认识颜色，采用游戏的方式宝宝会更乐意接受。蒙台梭利一般采用渐进方式来引导宝宝辨认和识别色彩，即配对—排列—记忆三个阶段。为此，爸妈应多为宝宝设计几套认知颜色的游戏，让宝宝在游戏中"入戏"，更容易记得牢靠，辨认得准确。

1. 美丽色彩一对一

教宝宝认识色彩，可以从 2 至 3 种对比度较大的颜色开始，如红色、蓝色和黄色。爸妈买来这三种颜色的卡纸，将每种颜色裁成 2 块扑克牌大小的卡片。然后把这 6 张卡片放在孩子面前的桌子上，先给他看一种颜色，然后让他在桌上的卡片中找出颜色一致的另一张。以此类推，让宝宝将这些彩色卡片一一配对。当宝宝熟悉了这三种颜色后，再用同样的方法让他们认知更多的色彩。

2. 按色度深浅排队

当宝宝能够认识一些基本颜色后，就可以进行色度排列了。爸妈需要给宝宝提供一些颜色相同，但深浅色度不一的卡纸。先指导宝宝挑出颜色最深的一张，摆在最上面，然后再让宝宝从剩余的卡纸中找出颜色最深的一张，依次往下摆。通过这种方法，直到将所有的颜色按由深至浅的顺序排列起来。

3. 有趣的色彩记忆

宝宝能记住所有的颜色和区分颜色深浅后，就可以进行色彩记忆了。首先在一张桌子上放置按颜色排好顺序的卡片，然后给宝宝看一个颜色，他想看多久看多久，等宝宝看够了，要求他到桌子那里挑出与他所看到的颜色相同的卡片。有时，宝宝也会出现一些小小的失误，如拿出相近的颜色，没关系，多玩几次这样的游戏，宝宝就能非常出色地完成任务。

蒙氏小语

每个人对于色彩的感觉能力除了受先天条件限制外，主要受环境和教育的影响。多对孩子进行一些感知色彩的练习，可以提高他们对颜色的敏感性和视觉分辨力。

给孩子创造一个适宜的环境

儿童只有在一个不受约束的环境，即一个与他年龄相适应的环境中，心理才会自然而然发展并成熟。这种环境充满着爱的温暖，有着丰富的营养，这个环境里的一切都乐于接纳他，而不是伤害他。

宁静与温暖，生命之初的特别关爱。刚出生的小宝宝还不能适应阳光、噪声和诸多陌生人的亲昵。此时此刻，他最需要的是一个和子宫里一样宁静而温暖的环境。

婴儿室里，刚出生两天的小宝宝安静地躺在小床上，他已经睡醒。窗外，金属般的阳光强烈而刺眼，室内，厚厚的窗帘使宝宝感受着犹如子宫里温暖而宁静的生活。

这时，门铃大作，接下来一帮人大呼小叫着拥了进来。这是妈妈的同事，他们前来探望初涉人间的"小天使"来了！盛情难却，妈妈只好把大家引进宝宝的房间。一位年轻女同事说这房间太暗了，"哗"的一声把厚厚的窗帘拉开。房间顿时明亮起来，耀眼的阳光直射在宝宝的脸上，小家伙紧紧闭住眼睛，表情有些痛苦。一群人围在孩子四周兴高采烈地品评着。这时，一位长发姑娘端详一下胖嘟嘟的小婴儿，忍不住俯下身子，轻吻着小家伙嫩嫩的脸蛋。呼出的热气令宝宝很是不舒服，垂下的长发散落在他的脸上，小家伙咧开嘴用嗷嗷大哭拒绝着这份亲昵。

妈妈慌了，赶紧手忙脚乱地把宝宝抱起来，宝宝的哭声更加响亮，即便妈妈已经及时把乳头第一时间塞到宝宝的嘴里，仍旧止不住他的大声啼哭。宝宝这是怎么啦？难道对妈妈也不满意了？

在我们的现实生活中，当小宝宝一降生，众多亲朋好友便迫不及待地轮番前去探望。大家都觉得，刚刚经过痛苦分娩后的母亲需要休息静养，而可爱的"小天使"却是可以人人都亲近的。真的是这样吗？

其实，刚出生的小宝宝并不喜欢有人随意打扰，他的第一声响亮啼哭不是自豪地向人们宣布"我来了"，而是不满宁静的生活被打破。他从来就没有想到自己会有一天被赶出温暖的子宫，来到这个嘈杂的世界。同时，他也是恐惧的。刚刚从狭窄的产道被挤出，此时此刻，他最渴望的就是安静地喘息，最想得到的就是能如同子宫里一样温暖而安逸的生活环境。

"分娩"对于母亲而言，是痛苦和疲乏的；而"诞生"对于宝宝来说，同样经历了剧烈的冲突和磨难。除了身体上的筋疲力尽，他还要面对这个与子宫完全不同的陌生环境，所以当经历了出生的考验以及随之而来的各种能力苏醒之后，宝宝需要安静地独处一段时间，即与群体分离。这段时间宝宝的身体需要得到充分的休息，同时，也是为适应新的环境做热身。在自然界里，各种哺乳动物都有藏匿新生幼崽的行为，目的就是利用这个缓冲期，让幼崽能够适应新的环境，为今后的群体生活做准备。

蒙台梭利说："环境对刚出生的婴儿来说，是最重要的影响因素。一个人如果在婴儿阶段受到不良影响，将会阻碍他一生的发展。"她认为，新生儿之所以大部分时间都在睡觉，其实这是生命的一种保护性措施，以避免经受过于强烈的更多刺激。从静谧幽暗的液体世界来到这个充满光明与欢声笑语的人世间，宝宝的身体机制需要一个过渡。也就是说，小家伙从心理上不愿意被打扰，生理上还不能立刻适应外面这个明亮、纷杂的世界。

当宝宝降临人世间，面对环境突变，他一时还难以适应。所以，在宝宝刚刚出生的前几天，一定要尽自己所能，给宝宝提供一个与母体类似的生活环境，以使宝宝有一个逐渐适应的过程，帮他慢慢过渡到新环境。

1. 给宝宝自由，更有利于他的发育

如果室内温度允许，最好让宝宝裸露皮肤躺在温暖柔软的小床上，使他在子宫里的自由活动得以延续。即使给宝宝穿上衣服，也要宽松柔软，不妨碍他的自由伸展肢体。需要包裹时，应将宝宝的两只小胳膊放在包单外面，从腋下包住身体，但不要太紧，使两条小腿儿处于自然放松弯曲状态就可以了。

2. 温暖，安静的家居环境

刚出生的小宝宝喜欢身体暖暖的感觉，这和他们在妈妈肚子里的感觉一样舒服，因此，宝宝房间的温度要温暖舒适。室内光线应幽暗些，不要过于明亮。对于那些令人烦恼的噪声，最好让它们远离宝宝，让宝宝待在听不到街道上嘈杂噪声的环境中。家里的人也要尽量保持安静，别在宝宝周围大声喧哗。当然，这样的日子并不需要太久，经过充分的休息，宝宝会很快适应新环境，快乐融入新生活了。

3. 减少宝宝人际间的来往

为了减少各种刺激，在宝宝出生的第一个月，有必要减少

各种人际间的来往。除了必须照顾宝宝的人员，尽量让宝宝多休息，少见人。

4. 妈妈应多与宝宝交流

妈妈是宝宝最温暖的怀抱，在子宫里他就熟悉了妈妈的声音和心跳，所以，妈妈要尽可能地多陪伴宝宝，给他安全感，为他适应外部世界提供帮助。喂哺宝宝或宝宝觉醒时，让他的头靠近妈妈的胸部，语音温柔舒缓地对宝宝说些爱他的话语，给他唱唱歌，都可以使宝宝感受到来自妈妈的爱。

5. 抱起，挪动宝宝动作要轻柔

刚出生的宝宝身体还很娇嫩，在给宝宝处理便便或是吃奶时，动作一定要轻柔缓慢。不要突然、过快地改变宝宝的状态，他娇嫩的皮肤和骨骼需要呵护有加。环境对于刚出生的婴儿是最重要的，新生儿期是婴儿来到这个世界上适应新环境的准备期。在婴儿刚刚出生的那几天，父母一定要尽自己所能，给他提供一个与母体相似的生活环境，以便他有一个逐渐适应的过程，慢慢过渡到新环境。

帮助孩子去体验成功

妈妈在教育孩子过程中，要注意充分发挥孩子主动性，让他在自己独立做好一件事后，充分享受成功的喜悦，从而提高孩子学习积极性，树立自信心，走向成功。

妈妈让孩子体验成功，无论是对他现在的发展，还是今后的持续发展，都是不可少的。成功是一种巨大的情绪力量，为孩子提供表现自我的机会，不失时机地为他走向成功搭桥铺路，想方设法使他获得成功。

妈妈应该在家中创造一种宽松气氛，给孩子更多自由，他想做什么，只要没有危险，就放手让他去做。要多给孩子提供充分操作机会，妈妈要注意培养孩子的独立性。平时要尊重孩子的自尊心，维护他的独立意识。如果妈妈事无巨细地包办一切，只会使孩子对事物缺乏兴趣，从而放弃进取，体会不到自己独立做好一件事的喜悦。在孩子做错一件事的时候，不要随意批评，过多地指责他做得不对，而是要以鼓励为主，保护孩子的积极性。妈妈对孩子要求期望值不要太高。当发现孩子在某些方面不如他人，达不到预期要求时，就要考虑根据孩子情况特点进行修改，提出一些适合自己孩子、经过努力能够实现目标。要一步一步来，不要急。要知道，培养孩子要有一个艰苦、细致、漫长的过程，只有通过实行正确、切实可行的教育，尊重孩子，帮助孩子，鼓励孩子，并及时给予指导，让孩子自己去探索、去完成、去体验成功的喜悦，才能引导他健康愉快地度过人生启蒙阶段。

经过挫折的孩子，抗挫性会更强，也就更容易成功。所以妈妈要引导孩子培养不怕困难、不怕失败的精神，让孩子经历失败，更要让孩子体验战胜失败后的成功，这样才能培养孩子的逆境情商，为今后的成长打下坚实的基础。

经常发现和表扬孩子的优点

很多妈妈想要表扬孩子，但往往觉得找不到值得表扬的长处，又不知道该怎么办，那么，妈妈应该找出一些适合的方法来做做看，一定会发现：其实发现和放大孩子的长处并不难。

孩子的性格、文明礼貌、劳动表现、交往情况、文体才能、兴趣爱好、动手能力、卫生习惯等等，当然还有孩子的学习，都是评价孩子的因素。妈妈考虑的面宽了，就不难找到孩子值得表扬的地方。即使对学习本身也应全面地去分析，不能只看分数。学习认真程度，预习复习情况，各门功课情况，写字是否工整，卷面是否干净，会不会使用工具书，愿不愿向老师请教，有没有自己检查作业的习惯，等等，都应思考一下，也会找出优点。总之，妈妈不可对孩子"只攻其一点，不计其余"。

1. 用发展的眼光看待孩子

妈妈不要把孩子看死，只要细心观察孩子，就会发现孩子有进步的地方。可能对问题的认识提高，分析问题能力增强，可能某方面科学文化知识增加，可能一次作业进步或者一次考试进步，可能在劳动或公益活动方面表现较好，可能文艺、体育取得好成绩，可能有什么小发明、小制作。关键的问题是要拿孩子的今天比昨天，比前天，而不是跟别的孩子比，哪怕发现一点微小的进步，也应及时肯定。不应该由于横着比或高标准要求而看着不起眼儿，认为不值得一提就把点滴进步漠视、忽略过去。应该想到"星星之火，可以燎原"，优点是一步步发展的。

2. 具体事情具体分析

孩子的任何问题都应该从尽可能多的角度去了解分析，避免以偏概全，笼统否定。比如，孩子的某次作业没做好，错误较多，应该看看哪些题错了，出现错误的原因是因为马虎不认真，还是根本不懂。如果不懂，是老师讲解时没听清楚，还是做作业前没有复习。还有的孩子抄错了题，抄错了答案。这样从不同角度、不同因素分析，就会找到问题的根儿，也就有了解决的办法。在分析过程中，该肯定什么，就肯定什么，该否定什么，就否定什么。表扬与批评从实际发出，孩子才会服气。

3. 表扬应该中肯、适度

妈妈对孩子表扬不要过分夸大，也不要无端缩小：要有分析地表扬，不能太笼统，让孩子清楚表扬的是哪一点，为什么表扬；要注意时间、场合，根据孩子个性特点和年龄特点，宜及时讲的及时讲，宜阶段讲的阶段讲；宜当面表扬的当面表扬，宜采用暗示的就采用暗示；对有骄傲情况的孩子应适当减少表扬的频度，提高要求；对缺乏自信、有自卑感的孩子要通过肯定点滴进步培养孩子的自信；要讲究表扬的方式、方法，口头表扬、手势动作表扬、书信表扬、庆贺式表扬、物质鼓励、外出游玩等，依孩子特点和该表扬内容而定。妈妈应善于表扬孩子，减少冷面孔。

妈妈对待孩子，往往是表扬越多优点越多，训斥越多毛病越多。赞美是妈妈送给孩子的最好礼物。妈妈越是能够发现和放大孩子的优点，孩子就会存在更多的优点，就会变得更加优秀。

妈妈要细心观察孩子，对问题的认识提高，分析问题能力增强，某方面知识增加，一次作业进步或者一次考试进步，在劳动或公益活动方面表现较好，文艺、体育取得好成绩。

关键的总是是要拿孩子的今天比昨天，比前天，而不是跟别的孩子比，哪怕发现一点微小的进步，也应及时肯定。不应该由于横着比或高标准要求而看着不起眼儿，认为不值得一提就把点滴进步漠视、忽略过去。应该想到星星之火，可以燎原，优点是一步步发展的。

告诉爱虚荣的孩子什么是价值

妈妈对于孩子流于生活层面上的"虚荣"表现是比较容易觉察的，比如孩子刻意打扮、在穿着上斤斤计较、讲时髦等。但在学习方面的"虚性虚荣"，妈妈却是不太容易发现的。

有的孩子由于虚荣心作怪，上课时害怕回答老师的提问，担心答错了会受到同学的嘲笑和老师的歧视；也有的孩子在选择自己是否参加学校组织的活动时，首先考虑的是自己的"面子"，考虑能否拿到名次使自己脸上增光，而不是从锻炼和培养自己的参与意识、竞争意识方面想。孩子这样一次次地放弃锻炼的机会，限制自己的活动范围，长此以往，不仅会使他对自己缺乏自信，迷失自我，还将极大地影响他的创造力的发挥。

爱虚荣的孩子给自己戴上一个假面具

爱虚荣的孩子总会将自己脆弱的心隐藏起来，在行动上总是不知不觉地去迎合妈妈的心理，对于在学习中尚未弄懂的问题，也羞于向老师、同学请教；了了好成绩就急于向妈妈请功，一旦没考好就垂头丧气；有的将试卷藏起来隐瞒不报，或者涂改分数。孩子这样把大好光阴、聪明才智无端消耗在揣测别人的看法上，势必会加重他的精神负担，影响身心健康，同时还会助长其养成弄虚作假的坏习惯。

1. 妈妈应该与孩子一起多观察

在平时生活中，妈妈应该多让孩子观察家里的各种用品，让孩子能对其名称、用途等有一个正确的认识，帮助孩子积累更多的知识经验，有真实的内容可说，用广泛的知识和实在的语言去赢得赞赏。孩子都认为自己是最好的，别人稍微批评一下就哭鼻子，对于这种情况，妈妈应该在孩子做得好时给予表扬和赞赏，在孩子做得不对时，坚定地对其说不，让孩子在肯定和否定中了解什么是对的、什么是错的，从而使孩子正确地认识自我。

孩子的是非观念差

孩子的心灵稚嫩，可塑性强，是非观念比较弱，这需要妈妈通过不同的方式向孩子讲清"虚荣"的危害，帮助他从思想和行动上克服爱虚荣的毛病。做妈妈的更应该身体力行，使孩子在潜移默化中受到正面的教育，将"虚荣"这一影响健康成长的绊脚石踢得远远的。

2. 心灵美更重要

妈妈应该培养孩子艰苦朴素的习惯，不要盲目攀比，有必要的话领孩子去自己工作的地方看看，让孩子也体验到妈妈的辛苦与不易。妈妈可以多在孩子面前展示自己的才能，比如烹饪、缝纫、唱歌、手工艺制作等，注重在实际生活中对孩子进行审美教育，注意自己的外表形象，包括行为美和语言美，但更要注重内在的心灵美，善于在实践中提高自己在孩子心目中的地位，让孩子打心眼里认同自己。

每一个人或多或少都会有些爱慕虚荣，对于孩子来说也不例外。但是，如果让虚荣心恣意扩大，就会让孩子走上贪图享乐、撒谎欺诈，甚至少年犯罪的道路。

妈妈应该通过不同的方式向孩子讲清楚"虚荣"的危害，帮助他从思想和行动上克服爱虚荣的毛病，不让"虚荣"影响孩子的健康成长。

不要总以为自己是对的

孩子自身的优越感，不利于孩子的健康成长，尤其影响心理方面的健康。过度的优越感不仅不能使孩子有前进的动力，反而易使孩子自我满足，停止不前，甚至还会加重他的攀比心理，养成孩子好虚荣、追求不属于自己的一些东西。孩子的优越感如果不能得到妈妈的及时引导，将对孩子的成长有百害而无一利。

孩子成绩很好，是件好事，但她却因此处处瞧不起别人，仿佛她比别人都强似的。其实，她也只是在数学方面有点儿优势罢了，她的语文就很差，尤其不会写作文。我认为，她的这种心理对其成长极为不利，很想帮她克服这个毛病。

1. 优越感是孩子成长的障碍

优越感是指人们自以为生理方面，如体形、相貌和体力，心理方面，比如智力、技能、知识或其他方面比别人强的心理状态。优越感本身并不是什么弱点或不健康的心理疾病，它基本上属于一种中性心态，如果运用恰当，可能会成为孩子追求进取的动力。但是，若不能全面地认识优越感的本质，就很可能成为孩子健康成长的障碍。

孩子的认识问题多易片面，偏激，表面化，妈妈要适当地对孩子进行引导。优越感使孩子看不到别人的优点和自己的弱点，觉得自己处处高人一等。妈妈应认识到这种心理对孩子健康成长的影响。

2. 帮助孩子克服优越感带来的不良影响

妈妈应该给孩子树立一个正确的自我评价体系，教会孩子正确评价自我。不能全面地、准确地评价自我，是孩子都存在的弱点，引导孩子正确认识自己，是妈妈必须做的一项工作。要让孩子看到一个真实的"我"，妈妈可以经常指出孩子某方面的不足，使孩子认识到自己所优越的只是某一方面，而非全部，自己还有许多不如别人的地方。

妈妈不要总是在他人面前赞扬孩子。为了不挫伤孩子的自信心和自尊心，不要在他人面前贬低孩子。但妈妈也不要过分表扬自己的孩子，或在他人面前抬高自己的孩子，这样会使孩子只看到自己的长处，看不到短处，助长孩子的优越感，影响孩子的健康成长。

妈妈要让孩子认识到自己所取得的成绩并不只属于自己，它包含了许多人的辛劳和汗水。孩子取得好的学习成绩，是老师、妈妈和孩子本人共同努力的结果。如果没有妈妈的关心和照顾，没有老师的辛勤培育，就不会有孩子的优异成绩。所以，妈妈要在日常生活中，教给孩子感激别人的劳动，不要自以为是。也有的孩子因为家里经济条件的优越，或妈妈地位的优越而沾沾自喜，瞧不起别人。妈妈应该告诉孩子，这些并不属于他，只有自己的劳动才值得骄傲。妈妈还要纠正孩子对家庭经济状况、妈妈地位的错误看法，尽量使自己的孩子和普通人家的孩子一样，不要给他搞特殊化，与众不同的生活方式很容易助长孩子的优越心理。

3. 妈妈还要帮助孩子正确对待别人的夸奖

别人不切实际的夸奖，很容易使不谙世事的孩子扬扬自得，以为自己真的如人家夸的那样了不起，而事实很可能并非如此。

面对孩子的变化，妈妈不应该惊慌，更不要失望和灰心。相反，在必要时，还是应该把孩子当作朋友那样，帮助他指明进步的方向。

孩子也是家庭的一员

孩子就像一棵小树，要看大人怎么培养。光施肥浇水还不够，还要修剪枝杈，要除虫，冬天要给它穿麻绳衣，这样它才能茁壮成长。

妈妈总是把孩子排斥在外，尤其是决定一些重要的事情时。在一个家庭里，除了妈妈，还有孩子。妈妈认为孩子太小，什么也不懂。生活中纯粹的大人之间的事可以暂时不让孩子知道，可是还有很多事是完全应该让孩子也参与讨论的，尤其是妈妈做出关于孩子的某项决定时。不要以为孩子是你的，你就可以随便对他做出决定。他年龄虽小，总归是一个人，他有权知道关于自己的事情。事实上，只要是家庭的成员，都有权参与家庭事件的讨论与决定，它可以营造一种良好的家庭氛围。对于已经具有一定思维能力的孩子，就更不可忽视他在家中的地位了。

孩子和妈妈在家庭里的地位是平等的

有的孩子还真能贡献出一个妈妈怎么也想不到的好点子来。他可能说不出有价值的建议，但这种讨论本身，对家庭、对孩子来说，都是有意义的。孩子和妈妈都一样重要，比如，好不容易有个假期了，妈妈商量着去哪儿玩好。这个时候请叫上你的孩子："来，孩子，咱们商量一下该去哪儿玩好。"相信受到这样的"邀请"，孩子会非常开心。他在家中的地位得到了体现，他从妈妈的重视中感受到了一份尊重，也不再觉得妈妈高高在上，反而有种亲近感。生活中还有许多事，比如家里经济紧张了，需要商量如何节约开支；比如要添置一样家具，需要商量买什么式样和价位的；比如想在家里搞个小聚会，商量怎么办才有创意。这些事情完全可以让孩子也参与讨论，让他也贡献一份"才智"。

养成孩子良好的行为习惯

妈妈可以和孩子一起制定各种作息时间表，比如早起、早锻炼，制定作息时间表有利于孩子养成有动、有静的活动习惯。培养孩子按时吃饭、洗漱、排便、睡眠、劳动、看电视的习惯，逐步做到不催促、不提醒，培养孩子的责任感和坚持力。3岁以后的孩子看什么电视，妈妈要事先与孩子商量好，以儿童节目为主，在规定的时间内不多看也少看。3岁以前的孩子每天以10分钟为宜，3岁以后每天20～30分钟为宜。当孩子逐渐长大，还要教给他怎样用钱、怎样节约、怎样存放东西，鼓励他买书和智力玩具、援助他人等。

信任孩子，别当"监工"

有人说，信任是人与人之间的一种道德关系。朋友之间、同事之间贵在信任。在家庭里，妈妈与子女之间，也同样需要信任。

家庭教育是通过妈妈和孩子双方的语言交流和情感交流来进行的。妈妈与孩子的相互信任是成功家教的重要因素。孩子对妈妈有特殊的信任，他往往把妈妈看成是自己学习上的蒙师，德行上的榜样，生活上的参谋，感情上的挚友。他也特别希望能得到妈妈的信任，像朋友一样和妈妈平等交流。只有妈妈的信任，才是真实、可靠的。妈妈的信任意味着压力、重视和鼓励，这是真正触动他心灵的动力。信任是一种富有鼓舞作用的教育方式。

妈妈和孩子是平等的

妈妈的信任可使子女感到自己与妈妈处于平等的地位，从而对妈妈更加尊重、敬爱，更加亲近、服从，心里话乐于向妈妈倾吐。这既增进了妈妈对子女内心世界的了解，又使妈妈教育孩子更能有的放矢，获得更好的效果。反之，若妈妈对孩子持不信任或不够信任的态度，就无法了解孩子的愿望和要求，孩子的自尊心和自信心必然会因此而受到伤害，他对妈妈的信赖也势必减弱，这样家庭教育的效果也会相应减弱。所以，妈妈应该信任孩子，做他的朋友，从而更有利地教育孩子。

信任是原动力

妈妈从对孩子的信任出发，培养孩子的积极性，让孩子在别人的鼓励和信任中不断地进步。对孩子的信任，做孩子的朋友，能够激发孩子内心的动力，让孩子体会到成功的快乐和失败的快乐。他们会在妈妈充满信任和友谊的目光与言语中，自己从摔倒的地方爬起来，一步一个脚印地走向成功，实现他们心中的理想。妈妈应该同孩子建立起相互信任、相互平等、相互尊重的朋友关系。因为孩子不仅需要在生活上能抚养自己的妈妈，也需要年龄大、阅历广、愿意倾听、能够给予自己忠告和帮助的"忘年交"。

妈妈和孩子应建立朋友关系

妈妈应该和孩子建立起平等尊重的朋友关系，双方不妨现在就坐到一起，开诚布公、推心置腹地进行沟通和交流，把彼此的想法告诉对方，这样才能更好地消除隔阂，化解代沟。其实妈妈慢慢地就能体会到，同孩子做朋友是一件非常有趣、也是非常快乐的事情。妈妈应该是孩子最信赖的好朋友。一定要换位思考，不要总以妈妈的身份来管制、约束或者命令孩子不要做什么，一定要把自己放在孩子的角度来想想，如果大人总是命令孩子不要做什么，那样多让人反感。妈妈应充分信任孩子，不要事事监督。这个案例说明，孩子渴望跟成人一样，被理解、被尊重以及被信任。可是很多妈妈往往忽略了这一点。每个孩子心灵深处最强烈的需求和成人一样，就是渴望受到赏识和肯定。

妈妈要自始至终给孩子前进的信心和力量，哪怕是一次不经意的表扬，一个小小的鼓励，都会让孩子激动好长时间，甚至会改变整个面貌。

教孩子学会控制自己的情绪

细心的妈妈会发现，随着孩子生理上的成长，心理上却越来越难管了。孩子常常任性、发脾气，这让不少妈妈急得不知如何是好。

情绪是与生俱来的，几乎随着孩子呼吸、心跳的开始就产生了；而心理因素却如同孩子的成长一样，是在发育的过程中逐渐形成的。所有的孩子都会任性，这是没法避免的；但是妈妈可以在孩子的成长过程中教育孩子学会控制自己的情绪。

了解孩子的想法对症下药

孩子的任性是一种心理需求的表现。孩子随着生理、心理的发育，开始逐渐接触更多的事物。他对这些事物的认识，不可能像成人那样进行理性的分析后再做出行动的决定。他往往凭着自己的情绪与兴趣来参与，尽管这些事物对他不宜、不利，或者是有害的。解决孩子的"任性"问题，妈妈要了解孩子的想法，尽量理解他。孩子的每一次任性都有他自己的理由，妈妈应该着手分析孩子为什么会产生这样的情绪，了解原因后，就可以提出有针对性的约束方法。

妈妈应该理解孩子的好奇心，采取多赞扬、多解释的方法，告诉他不能满足其要求的原因。或者承诺一种孩子可以办到，并且对他有促进作用的要求。比如："如果你哪一天在学校手工做得好，我就给你多讲一个故事。"这样孩子的情绪可能会得到有效的控制。虽然孩子当时的要求并没有得到满足，但是，孩子至少会认为妈妈在一定程度上对他的好奇认可了。久而久之，培养成一种会虚心接受妈妈解释的好习惯，不以逆反的心理来对抗妈妈。

妈妈答应孩子事情，一定要做到，以免孩子无意中学会说谎。对于那些发泄情绪的错误方式，一定要让孩子有明确的了解，同时告诉他哪些情绪表达渠道是合理的、可以被接受的。如果孩子一生气就喜欢打人，那么即使在接受过惩罚之后，他下次生气时估计还是要打人，如果妈妈也是用"打"的方式去惩罚孩子，那么他就对"打"有更深刻的印象，而且更难理解"打"是不对的。妈妈一定要陪孩子找到合适的情绪表达方式，比如大声说出来、大哭一场或者把心里的感受画出来。孩子有这样的情绪本身并没有对或错，但是表达情绪的方式肯定有好或坏。

当孩子哭闹的时候，有些妈妈可能会转身离开现场，他们认为"不要理他，他自己会停下来"。其实，这种做法对幼小的孩子有着极大的伤害，孩子的哭泣肯定是有理由的。如果自己的情绪总是得不到妈妈的重视，孩子就会感觉很困惑，不知道自己究竟错在哪里，久而久之，他也难以学会如何正确地表达情绪。

妈妈应该着手分析孩子为什么会产生这样那样的情绪，了解了其原因以后，就应该提出有针对性的约束方法，让孩子自己学会控制情绪。

不要纵容孩子的任性

在现在的社会中，任性可以说是独生子女的通病。

任性，就是指对个人的需要、愿望或要求毫不克制；抗拒、不服从大人管教；不按照大人的要求去做：或者表面上答应、内心不服，当大人不在旁边时，就由着自己的性子来。如果任其发展，任性的孩子难以与别人合作，难以与别人友好相处，难以适应集体和社会生活。

孩子由于心理发展还不成熟，对许多事情缺乏认识和判断能力，多少都有点任性。

任性是妈妈迁就的结果

任性的孩子除了与自身天生的秉性有关之外，最主要的是与妈妈的教育方式有关。孩子小的时候，常常有不合理的要求，妈妈觉得孩子小，不懂事，就迁就他，时间长了，就会形成孩子放任自己的心理定式，习惯于按照自己的意愿行事，并要求他人服从自己。比如，有的孩子偏食现象很严重，只吃自己喜欢的，别的一概不吃，妈妈怎么说也不行。这种任性的表现，就是以往迁就的结果。妈妈在养育孩子的过程中，要把握爱的尺度，不要过分地、没有原则地宠爱孩子。

了解孩子任性的原因

妈妈要注意了解孩子任性的原因，在批评孩子的时候，就事论事地告诉他这次错在哪里，而不要不明原因地教育孩子"不能任性""你这样做不对"，或是全盘否定孩子，否则，只会加重孩子的逆反心理，使任性更加难以纠正。孩子的任性表现千差万别，所以解决任性的方法也要因人、因时、因事加以实施。

在行为上约束孩子

孩子出现任性行为的时候，妈妈应该在情绪上表示理解，但在行为上坚持对他约束。比如，吃饭的时候，孩子发现餐桌上没有他爱吃的菜，拒绝吃饭。这时妈妈也不应该迁就他而给他重新做，应明确表示饭菜已经准备好了，就不应该随便更换。进行适当惩罚。有的孩子在自己的不合理要求没有得到满足的时候，就纠缠不休，这时妈妈可以暂时不去理他，让他感到哭闹的方法是无效的，当无人理睬时，孩子自己会感到无趣而停止任性的行为。妈妈应对孩子简单而认真地说明这件事不能做的原因，并对他说"相信你以后会听话的"之类的话来鼓励他。对于年龄小的孩子，只靠正面教育是不够的，适当惩罚也是一种极为有效的教育手段。比如孩子任性不吃早饭，妈妈既不要责骂，也不要威胁，只需要饭后把所有的食物都收起来。孩子饿时，告诉他肚子饿是早晨不吃饭的结果，孩子尝到饿的滋味以后就会按时吃饭了。妈妈可以让孩子承担一些因为他任性而造成的恶果。

在平时生活中，像例子中这样任性的孩子不在少数，经常可以听到不少妈妈说："我的孩子是天生的拗种，真没办法。"

妈妈应该把握爱的尺度，不要过分地、没有原则地宠爱孩子。妈妈如果放任孩子的任性，将会影响他的人际交往，因为任性的孩子很难与同伴友好合作。

让宝宝拥有自我保护能力

作为父母，总是希望能够永远将宝宝保护在自己的身旁，不让他受到任何伤害。但是，过度保护对宝宝来说却未必都是好事情。等到父母不在身旁时，宝宝就不知道该如何去应付危险状况了。所以，增强宝宝的自我保护能力，对于宝宝的健康成长是第一位的。

每个宝宝，都有自己的领域，在这个领域里，包括安全和健康的生活方式以及各种各样的自我保护技能。自我保护能力，是宝宝成长所必须具备的能力之一。只有具备了一定的自我保护能力，宝宝才能够冷静坚强地去面对成长道路上遇到的重重困难，才能练出独立解决问题和独立生存的过硬本领。

培养宝宝的自我保护能力

培养宝宝的自我保护能力，要从生活中的点点滴滴做起。父母们在对宝宝的安全教育方面，首先需要帮助宝宝认识到危险的存在，在这一点上，父母可以通过让宝宝亲身体验来认识危险。比如，在水快烧开的时候，让宝宝触摸一下壶锅盖，宝宝在感受到烫后会很快缩回自己的小手，这时父母就要不失时机地告诉宝宝，开水壶是很危险的，会烫伤宝宝，要远离它。

自我保护能力是一个人在社会中生存和发展的最基本能力之一。那么，到底该如何有效地培养宝宝的自我保护能力呢?首先，应该对宝宝进行必要的安全意识教育。宝宝年幼、单纯无知，他们没有生活阅历和经验，很多时候他们也不明白什么事情能做、什么事情不可以做；也不知道什么东西能碰、而什么东西不可以碰。有些时候，被我们看作是很危险的东西，恰是宝宝们最感兴趣的东西。这些都需要父母事先给宝宝讲解，定下规矩，消除宝宝的好奇和逆反心理。提醒大家一下，父母给宝宝的安全教育应该是随时随地的。比如带宝宝上街时，要向他们讲解一些安全规则，告诉宝宝要遵守交通规则；和宝宝一起读故事书时，通过小红帽的故事可以告诉宝宝，平日里父母上班不在家时，不给陌生人开门，等等。这些都是宝宝应该掌握的基本常识。时间一长，通过这些教育，宝宝就会渐渐明白做危险事情的后果，同时也在无形中增强了宝宝的自我防范和保护意识。

培养宝宝的生活自理能力

另外，培养宝宝的生活自理能力，也对宝宝自我保护能力的形成有一定的影响。所以，父母要注意培养宝宝们的独立自主性，让他们养成良好的生活自理习惯。父母不要事无巨细，处处为宝宝扫除障碍，要留给宝宝一些体验困难和自己想办法解决困难的机会。

宝宝在独立面对困难的同时，处理问题的能力得到了提升，相应地，自我保护能力也会得到加强。还有，培养宝宝健康的体魄，也是必不可少的。一个拥有强健体魄的宝宝，是有一定的能力去面对那些出现在自己身边的困难的。

培养宝宝的自我保护能力，要见缝插针地给宝宝灌输安全意识，比如，过马路的时候要等候红灯，有事的时候要会使用紧急电话。宝宝自己可能不会做，但是关键的是我们要帮助宝宝建立安全意识。另外，父母要养成定期检查环境安全的习惯。同时，帮助宝宝认识安全的时候，要用积极提醒的方式，而不是采取消极的方式去吓唬宝宝。

帮他不如教他

人云："授之以鱼不如授之以渔。"可以说很多父母现在都是自家宝宝忠实的护卫者，宝宝有什么要求，要办什么事，只要喊一声"爸爸"或者"妈妈"就可以了，一切问题就会得到解决。其实，父母们都忽略了一点，如果这次帮宝宝解决了他的问题，那下一次再出现问题呢？父母要帮到什么时候？如果父母都不在宝宝身边，那么宝宝又该怎么办？

诚然，父母舍不得让宝宝面对太多的挫折和矛盾，也舍不得宝宝一人去吃苦受累。但是，我们不停地帮宝宝解决各种各样的问题，结果是什么呢？宝宝好奇又好动，会不断地有很多的问题出现，就算父母有足够的时间和精力去帮助宝宝解决那些层出不穷的问题，但是这种帮助何时才会有尽头？

也许父母会说，等宝宝长大了，自然就不会再帮他了。可知宝宝年幼时父母的无数次帮助，已经让宝宝将依赖心理在心中扎下了根。我们不停地帮助，宝宝一直轻松地得到满足，然后在不知不觉中彻底丧失了该有的那些能力。等长大后，依然会有很多的问题需要宝宝去面对，但是由于父母从小的帮助，宝宝根本就没有学会自己处理问题的能力和方法，这个时候，你是不是还得去帮他？你不帮指望谁去帮？你去帮，却又只是帮帮而已，解决不了根本上的问题。所以说，父母在宝宝还小的时候，就要培养宝宝独立自主的能力，在宝宝遇到困难和难题时，与其去帮助他解决问题，不如去教会他该怎样自己解决问题。教会宝宝应对生活难题的各种方法，远比一时帮宝宝解决问题的意义大许多。

游戏里的教育

按宝宝的正常发展状况来说，两岁半的宝宝就该开始学习收拾玩具和自己的小生活用品了。

而在最初，只要宝宝参与"做"就行，仅仅是做而已，父母不必去在意宝宝做得怎样。等到宝宝逐渐建立起一种意识和习惯，他就会自己做得很好的。

　　父母可以在房间里为宝宝开辟一块地方，作为宝宝的游戏天地。然后为宝宝准备一个玩具箱和小玩具柜，要是柜子的话最好是有一排抽屉的那种。父母可以告诉宝宝大的玩具要放在箱子里，小的玩具放抽屉里等。父母在让宝宝收拾玩具前，要记得反复演示几次给宝宝看，把速度放慢一点，边收拾边说："送小白兔回家喽！""小狗狗找妈妈去啦！"来加深宝宝的印象。顺便问一下宝宝："要不要试一试？"激发宝宝参与的兴趣，通过这样的游戏，宝宝就会慢慢掌握收拾和整理东西的本领，那么在以后的生活中碰到类似的情况时就不会束手无策了，也不用老是麻烦父母或者老师了。

独立解决个人卫生

　　独立解决自己的大小便问题，是每个宝宝上幼儿园前一定要学会的生活能力，不然入园后宝宝就很容易在小朋友面前产生自卑感，也会对幼儿园产生抵触的情绪。父母不要每次宝宝需要排泄时就帮宝宝脱裤子、擦屁屁，而应该尝试着教会宝宝自己练习擦屁屁、脱裤子。类似这样的一些生活问题，父母不要每次都急着帮助宝宝去解决，也不要因宝宝的哭闹屈服，而是应尽量鼓励宝宝去学会那些基本的生活能力。

　　要记住，任何时候，很多事情，你必须教会宝宝怎样去做，而不是简单地帮宝宝做好就可以了。

　　宝宝不可能一辈子都生活在父母的维护下，过度维护或一再地帮宝宝整理烂摊子，只会放纵宝宝反复犯同样的过错而不自知，所以说，父母帮助宝宝解决和处理问题，不如教会宝宝自己去处理那些问题。

宝宝能力培养须知：一到两岁的宝宝父母就可以开始教他们学习自己使用勺子，独立用杯子喝水和模仿刷牙了。三岁左右的宝宝，父母可以开始教他使用筷子自己独立吃饭。也可以试着教宝宝脱简单的衣服、袜子、鞋子和自己解决大小便问题。四岁的宝宝，父母可以培养他自己系扣子和鞋带，自己穿简便的衣服和自己洗手，对于五六岁的宝宝，一些简单的家务就可以交给他们了，比如自己收拾玩具、自己叠小被子等。

反思自己，拥抱成功

在宝宝成长的路上，无论做什么事情，不管成功与失败都应该让他们养成反思的习惯，习惯于反思事情的每一个细节，反思事情的全过程，反思事情的来龙去脉，这对宝宝的健康成长是有十分重要的意义的。人之所以能够不断地进步，就在于他能够每天不断地进行自我反省，不断地去完善自己，来获得一个又一个的成功。

曾子曾说过："我每天都会多次自我反省：自己为别人办事有没有尽心竭力？在和朋友们交往时是不是做到诚实了？对于老师传授的学业是不是复习了？"大教育家孔子认为曾子能够很好地继承自己的事业，于是就特别注重传授学业给他。有次，曾子对自己的学生讲什么是勇敢，直接引用了孔子说过的话，他说："你们喜欢勇敢吗？孔子老师说过什么是最大的勇敢，那就是自我反省。"其实，我们每个人在生活中都要有自我反省的态度，养成能够自我反省的好性格，来不断地完善和提高自己，而宝宝们更是如此。只有一个善于自我反省的宝宝，才能够发现自己身上的优点和缺点，并能够扬长避短，发挥出自己最大的潜能。如果你的宝宝很不善于自我反省，那他就容易一次又一次地犯同样的错误，而不能够很好地发挥出自己的能力。

自我反省的性格是宝宝成长道路上一个能够够帮助宝宝取得成功的秘诀。如果哪个宝宝不会自我反省，那么他就永远也不能够真正长大。宝宝们通过反省及时修正自己的错误，然后不断地去调整自己的行为和做法，以及提高自己的思想觉悟。能够自我反省的宝宝们，就等于掌握了自我完善和健康成长的秘诀。所以父母们一定要重视培养你们宝宝自我反省的习惯。以下是通过多年教学经验，总结到的一些方法，供父母们参考。

1. 让你的宝宝学会接受批评

不可否认，我们每一个人，特别是宝宝们，都喜欢受到别人的表扬，而很难接受别人的批评。可是坦然去接受别人的批评，对于宝宝的成长是有很大好处的。父母要让你们的宝宝学会接受批评，这不仅能够塑造宝宝完整的人格，而且可以帮助宝宝在生活的其他方面取得成功。只有愿意接受批评的宝宝才能够学会反省自己。但是，父母批评宝宝时也是有所讲究的。

2. 批评宝宝要一视同仁

宝宝犯了错误，父母要批评时，正好有其他的宝宝在场，父母就更应该注重维护自己家宝宝的自尊，要讲究批评宝宝的方式和方法，同时对其他宝宝的评价也要比较客观和恰当，最好不要过分夸张，从而让宝宝之间产生不恰当的对比。父母要让宝宝明白的是，对待别人的批评时，自己的头脑要保持冷静，不可以过于冲动，这并不表示宝宝应该默不作声，这个时候就该好好反省自己的行为是否有不恰当的地方。

3. 让宝宝坦然面对别人的批评

在宝宝成长的路上，难免会遇到很多来自他人的表扬和批评，如果宝宝只喜欢听到别人对自己的表扬，却总是逃避那些来自他人的批评，是十分不利于宝宝的成长的。父母要有意识地肯定宝宝好的一面，但是同时也要对宝宝的不良方面提出批评的意见。要注意，批评宝宝的语气要温和，批评宝宝的缺点时要中肯。同时，父母还可以告诉你们的宝宝，在接受他人批评的时候要认真倾听，要有一种坦然面对的心态。

4. 引导宝宝自我反省

宝宝自我反省需要一个过程，首先要让他们有自我反省的意识。这就需要父母的引导了。发现宝宝犯了错误时，父母不要直接指出事情的真相，同时也不要急于对宝宝进行各种教育，正确的做法是先把这件事情放在一边进行冷处理。当然，关键的一点是父母要在对待宝宝的态度上表现出沉默、静候的状态，让宝宝通过父母对自己的态度来意识到自己行为的错误。等过一段时间后，父母再抓住一个适当的时机对宝宝进行教育。

古人说"吾日三省吾身"，它是说，生活中一个人要对自己的所作所为，经常地反复地进行自我反省，孔子说过："见贤思齐焉，见不贤而内自省也。"在看到别人的优点时，要设法使自己也具有同样的优点，而在看到别人的缺点时，就要反思自己，看自己是否也存在类似的缺点。让宝宝拥有自我反省的性格，有助于宝宝走上成功之路！

5. 让宝宝学会自我激励

自我激励是习惯内化的结果，让宝宝学会自我激励，宝宝重视的就不再是父母的表扬或者物质上的奖励，而是对自己努力的肯定，而且能够正确地面对物质诱惑。相反，不恰当的物质奖励会使宝宝变得完全依赖于别人的赞许。

如何让宝宝形成自我激励

当宝宝有所进步的时候，最好的奖赏是能马上告诉父母，以分享他的成就。而父母们，虽然我们可以不断重复地告诉宝宝，我们是多么为他感到自豪，但最终宝宝还是要靠自己的力量来强化自己的行为。

帮助宝宝形成自我激励的最佳做法是指出他所做的事情值得给予荣耀，并且提醒他要从内心里承认自己。让宝宝学会自我激励是一个长期而细致的过程，离不开父母的尊重、信任、指导以及言传身教的影响，这些都有助于增强宝宝的自信心，让宝宝能够继续保持这种积极努力的态度。

父母批评你们的宝宝时不要太专制，要允许宝宝做出一定的解释。然后在全面了解事情真相的基础上，去以引导宝宝进行自我反省，效果会比直接对宝宝进行说教好得多。

让孩子了解世界的真相

孩子们在走入社会之前头脑中对现实的理解和形成的影像是由大人们和老师们帮助构建的，他们通过观察父母与外人的接触来学习交往的规则是友善还是强势，是公平还是利己。也通过父母了解人与人之间的关系是情谊的还是金钱与权势的，是真诚的还是虚伪的。他们通过父母和上学之后老师的教导，确定这个世界是美好的、现实的，还是残酷的，以调整他们的处世原则。作为家长，我们应该为孩子构建一个怎样的世界呢?

传统的教育观念是，在孩子心目中构筑一个美好的世界。友善、合作、互助、谦让、积极、乐观是这个世界的主题。除特殊情况外，即使再不懂教育的中国家长，都会教给孩子"善"。这其中的哲学思想是，有了美好的心灵才能遵循一般的社会法则，吃点亏无所谓，不能让自己逆行而自绝于社会，有了对美好的向往，在残酷的现实面前人才会保持乐观的生活态度。

为此，家长们都会给孩子们买各种绘本看，将各种关于友爱、互助、谦让的故事讲给孩子们听，并灌输正义总会战胜邪恶，"善有善报，恶有恶报"的思想，在孩子们心灵中塑造一个美好的童话世界，让孩子在长大后也生活在这种乌托邦中。但是，等孩子们真正进入社会了，面对各种挫折回头忆起当年幻景大都会哭着唱：原来童话都是骗人的。但他们积极向上的心态却已经扎根心中，屹立不倒了。

看到过一个微博，写农村的父母教育子女与城市父母的不同：农民父母说，孩子，做事先做人，一定不能做伤害别人的事；城市父母说，宝贝，记住不能吃亏。就是这样不同的两种对孩子的教育方式，造就了当下社会孩子们不同的世界观，农村的孩子乐于助人，勤奋且不怕吃亏，而城市的孩子在这方面就相对弱一些，他们为了一些小利会和人争吵，长大以后甚至会不顾亲情而争财产、争房子。

太过乐观和太过悲观都是对现实世界不真实的认识，会导致错误的行为，在这种环境下生存的人是危险的，最后也必定是失败的。

让孩子了解世事的真相，让他们看清楚周围的一切，有时确实很残酷，有人会指责这样做会使小孩子变成生活在阴影之中的人。大人们往往太低估孩子们的接受能力，常常用弱智的方式暂时糊弄他们并美其名曰是在保护他们。但事实上孩子们的接受能力是惊人的，只要做法科学正确，绝对可以达到预期的效果。

妈妈要让孩子明白世界上除了他们看到的美丽阳光外还有丑陋的阴影，这么做并非是想让孩子变成阴暗的人，相反，正是要他学会正视这些阴暗的东西并勇敢地去面对它。

假如美丽的谎言还没有等到儿童长大就被打破了，假如儿童获得的新信息与父母、教师给他的答案是有出入的甚至是相悖的，那么儿童会处于一个什么样的状态呢？他该相信谁？他该怎样扭转自己的世界观、人生观？那时候孩子需要承担大人教育失误带给他们的惩罚，岂不是更加残酷！

其实孩子们的世界也从来不是那么简单的，他们一出生，即使有父母的保护，他们也已经开始了面对残酷。大自然和社会中残酷、丑恶的东西同样实实在在地存在于儿童生活的环境中。比如，在孩子的眼中，一只小虫子，一个大他一岁的小朋友，一群陌生的小伙伴，一个面目狰狞的叔叔，对他们而言都是充满危险的。

所以，我们不能只教孩子认识世界的一面，而是应该告诉他们如何面对更真实的世界，这就要妈妈用一些儿童能够理解的方式慢慢灌输。

1. 从童话故事中让孩子知善恶。寓言童话，其实都是用正反对比说明某种寓意。例如，喜羊羊和灰太狼的故事，"恶人"

灰太狼千方百计想要吃掉喜羊羊和小伙伴，灰太狼智商极高，经常化装成好人，设计骗取小羊们的信任，但是小羊更加聪明，每次都能识破诡计化险为夷。

在讲述的时候，妈妈可以在描述好人的好和坏人的坏方面均衡用力，在最后总结的时候可以做两面的启发。

2. 抓住日常生活中可见的点随时灌输。妈妈不妨在日常生活中，抓住随处可见的点帮助孩子们打造坚强心灵，认识真实世界的事例，在潜移默化中给孩子植入一种美好的世界观。

比如，一个小孩和妈妈去买鱼，他们看到鱼缸中有的鱼头上有被咬伤处，有的尾巴缺了一块，孩子问妈妈："为什么会这样？"妈妈告诉他："那是被大鱼咬的，在没有食物的时候，别的鱼饿急了就会咬同伴。"

再比如，要孩子不要相信陌生人，陌生人里有坏人。这既是一种安全的防范意识，也是教孩子们提高辨别能力。

3. 在孩子心中种下美好之种利用首印效应，让美好先占据阵地、主战场。妈妈可在孩子的心灵里首先种下美好，其后再适当加入必要的真实信息，可以加强孩子被"负面"信息入侵的免疫力。

4. 在孩子所接触和经历的范围内由简到难慢慢过渡告诉他们应该接受的现实，切勿超越他的现实需要，把成人经历的沧桑消极的东西单方面灌输给孩子。

5. 注意比例和强度。在孩子心中要让美好的占更多的比例，以美好为主，"负面"为辅。另外，在有意培养这种意识的时候也要考虑频度和强度适中。

培养孩子的是非观

现在绝大多数的孩子都是独生子女,他们不仅得到来自父母的关爱,还有来自爷爷奶奶、姥姥姥爷的宠爱。许多家长无原则的溺爱和迁就致使越来越多的孩子不晓事理也不明是非,而是胡搅蛮缠、道理不懂。所以,作为家长,在关爱孩子的同时,更应该把正确的是非观念灌输给孩子,引导和启发孩子去思考和探究事情的对与错、好与坏、美与丑,知道什么是该做的,什么是不该做的。应该做的就努力去做,不应该做的就坚决不做。提高孩子分辨是非的能力。只有这样,他们才能成为是非分明的好孩子,待长大成人以后,才会多一点科学和理性,少一点迷信和盲从,形成正确的是非观念和良好的行为习惯,拥有健全的人格,最终成为一个有益于社会的人。否则等到孩子养成不良习惯,积重难返,再想亡羊补牢,已为时晚矣。

瑞瑞起晚了,不愿去幼儿园,母亲宠爱地对孩子说:"不去就不去吧,明天老师问就说肚子痛。"第二天瑞瑞到校后,果然向老师说是肚子痛。瑞瑞说谎,是重复了母亲的"教诲",他自己并不认为这种行为是错误的,这是成人的错误行为对儿童产生的不良影响。

有一位妈妈说,我的孩子已经快3岁了,我发现这个孩子不聪明,平常总喜欢跟随他父亲或奶奶去评判别人。我的孩子为什么没有独立的判断能力呢?俗话说:"三岁看大。"3岁是人的性格形成的关键时期,因此要尽早培养孩子分辨是非的能力,不要像上面的孩子一样人云亦云,只会跟风。

在一般家长看来,两三岁的孩子只知道吃喝拉撒睡,怎么会有是非判断能力呢？实际上，家长小看了他们的心理能力。儿童心理学家告诉我们，孩子虽小，但他们已开始对外界的人和事进行观察了，也有了一定的是非观念。只不过因为其认知水平的发展程度较低，他们的这种是非观念尚处于萌芽状态，与成人比较具有一定弱点，如看待人和事绝对化，不是对就是错；在利益面前以自我为中心；对于是非的分辨没有自己的判断标准，而是看家长的反应，只要是爸爸妈妈、爷爷奶奶或是姥姥姥爷肯定的，他就认为是对的，只要家人认为错误的，他也肯定会否定它。

因此，在弄清了两三岁孩子的这些心理特点后，妈妈要从以下方面着手帮助孩子建立起正确的是非观。

1. 从生活中的一点一滴做起

妈妈是孩子的第一任老师，妈妈的言行举止直接影响到孩子的成长。因此，妈妈要以身作则，不能只泛泛地空讲大道理，要注意从吃饭、睡觉、礼貌等细微之处培养孩子良好的生活习惯。比如，孩子喜欢摸摸这儿，动动那儿，妈妈就应及时告诉他，哪儿可以动，哪儿不能动。妈妈不想孩子说脏话，那么就要克制自己不能随意吐脏字。

此外，妈妈和爸爸要保持一致，不能各执一词，以免造成孩子认识上的混乱。

2. 让孩子从日常的生活经历中学会分辨是非

当孩子在商店里嚷着要这要那时，当孩子与小伙伴一起玩耍发生争吵时，当他在公园里乱踩草坪时，当他欺负小动物时……正是妈妈教他学会分辨是非的好时机。妈妈不妨先让他自己说说怎样做是对的，怎样做是错的，再对他进行有针对性的启发和引导，帮助孩子分清对错，进而增强其辨别是非的能力。

3. 家长有意识去培养

随着孩子年龄的增长，家长可以有针对性地讲一些他们能理解的故事或者生活中、报纸杂志、电视上的一些新闻，家长可以和孩子一起讨论，一起分析内容，让孩子多想想怎么会发生这样的事情，怎样才能避免发生这样的事情，你从中吸取了什么教训。

真正的教育者不仅要传授真理，而且要传授对待真理的态度。也就是告诫我们要泾渭分明，不能含糊，如果泾渭不分，学坏是很容易的。妈妈如果经常用扬善避恶的传统美德去教育孩子，就会使孩子逐渐提高明辨是非善恶的能力，使孩子成为道德高尚的人。道德乃人生之基，所以妈妈应高度重视培养孩子的良好道德。

培养一个有正确是非观的孩子，言传身教都不能忽视，妈妈不但要以身作则，谨言慎行，还要时时刻刻督促孩子，让孩子在耳濡目染下自然而然地接受正确的道德观，使孩子拥有责任感和道义感。

培养孩子的规则意识

在教育孩子的过程中，很多父母常常因为心软、心疼孩子而无法坚守自己制定的规则，这会导致孩子规则意识的缺失，对孩子的成长极为不利。有人认为，孩子那么小，懂什么规则意识？等他们长大以后，自然就知道了。这种想法是不对的，一个没有自我控制力的孩子，未来就有可能找不到自己在社会中的地位，也就意识不到自己所处地位的重要性，从而丧失创造成就的动力。

　　吃饭时间到了，真真嚷着要吃蛋糕。妈妈说："如果没有乖乖地把饭吃完，那就不能吃蛋糕。"真真不干，大喊大闹，可是妈妈一点儿也不为所动。最后没办法，真真乖乖把饭吃完了，也得到了蛋糕。

　　孩子挨饿，父母心里当然不好受。可是，如果父母自己先违背了规则，那么父母在孩子心里就没有威信可言，孩子也不会形成规则意识，这样就会觉得孩子越来越难教。其实，教养小孩并不难，难的是父母本身是否能够坚持原则不动摇，这对父母本身也是一种意志力的考验。

　　孩子在刚出生时，并不知道什么该做什么不该做。要让孩子养成良好的行为习惯，就需要为他制定适当的规则，让孩子明白什么该做什么不该做，从小在孩子心中树立这些原则和标准，绝不能随意打破。

　　给孩子制定规则时，有几点需要提醒妈妈注意：

　　1. 制定的规则要明确。给孩子制定规则，一定要简单易懂，让孩子容易遵守。例如，教育孩子们遵守交通规则和保护环境，应具体教他们怎么过马路，遇到紧急情况怎么处理，如何帮助大人进行垃圾分类，在公共场所如何保持文明举止，等等。有这样形象的引导，孩子们容易学，也容易模仿。此外，在制定规则的时候要把孩子不遵守规则的后果明确告诉他。

　　2. 遵守规则要持续惯彻立下的规则，无论时间、地点、场合如何变换都要遵守，比如，在家不许随地吐痰，在外边也应不许。而不是一会儿这样，一会儿那样，那只会让孩子糊涂，无所适从。

　　3. 父母要以身作则。父母对孩子严格要求，首先要对自己严格要求。例如，父母规定：吃饭时不能说话，不能躺着看书。可是父母吃饭时经常说话，也经常躺着看书。这种只要求孩子做到而父母自己却做不到的规定，很容易产生不良后果：一是让孩子误以为父母是在公然地"说谎"，孩子会在其他情况下效仿；二是使孩子产生父母不公平地对待自己的想法；三是使父母在孩子面前失去威信。

4. 分清孩子违反规则的各种情况。有些时候，孩子会无视规则并故意犯错误。这种情况下父母可以用温和的惩罚来处理，但绝不可以只要孩子一犯错就罚他们去独自反省。在这之前，父母应该首先尝试其他正面教育的方法。

有时，孩子出现不遵守规则的行为是由于他无法向父母表达清楚自己的感受。当他感到失望，或是苦恼，而又无法用语言表达出来的时候，他就会哭闹，发脾气，以此来告诉父母他的感受。因此，家长应该多与孩子交流，了解他遇到的问题。

要区别孩子的不良行为是故意的，还是由某些环境因素所致，要分清他是不是饿了，累了，或是害怕了？如果是的话，你就要帮助他尽量改善外部环境，将他的注意力转移到正确的言行上来。

5. 在遵守规则的前提下给予孩子自由。规则不是死的，有些规则可以在适当的情况下放宽。比如，孩子表现好了可以多吃一点儿零食，周末可以答应孩子多看一会儿动画片的要求，晚上也可以晚睡一会儿，等等，这样会使孩子减轻很多压力。在孩子得到很多自由的情况下，他们会更懂得自觉地遵守规则。

在执行规则的同时，父母要相信偶尔一次"犯规"不会使孩子养成什么坏习惯，要在遵守规则的前提下给孩子充分的自由，这样孩子才有遵守规则的动力。

6. 违背规则就一定要惩罚孩子。违背规则之后，父母就一定要给予惩罚，不然就会丧失父母的威严，规则也会失去根本的约束力。但惩罚孩子应注意，打孩子是万万要不得的，暴力会摧毁孩子的自尊，在孩子的心里埋下恐惧、愤怒和仇恨的种子。但是父母一定要通过其他缓和的方式，来让孩子承受违反规则的后果。

著名的教育学家蒙台梭利曾经说过："父母的规矩应该尽量少立，但立了，就一定要遵守。"我们要让孩子自由成长，但自由的底线是规矩。父母从小就应该让孩子懂得规则就是规则，一旦出现违规的行为，他们就必须承受后果。

和孩子谈一谈生命

妈妈是否注意到，牵着宝宝的小手出去散步时，宝宝会突然停下来，撅着屁股对着地上一块不成形的闪光锡箔纸看个半天，或者路边一棵不起眼的小草会让宝宝很是着迷。妈妈可能会不以为然地拉起宝宝，继续往前走。殊不知这些小东西对宝宝来说，却是神奇而有趣的。

宝宝从1岁左右学会走路后，视野一下子大了很多。一个花花绿绿、有声有色的大千世界展现在了他们面前。如果妈妈善于发现宝宝的成长变化，可以在家中栽培、养殖一些生长变化快的小活物，让宝宝运用多种器官感知身边的生命现象，从观察、照料动植物的过程中，了解不同层次的生物因果关系和成长发育过程。

随着孩子慢慢长大，他开始有机会接触到死亡。如小动物、植物以及亲人都可能在他的成长经历中死亡，甚至孩子自己也可能亲身经历过意外。对于动植物和亲人的离开孩子会感到伤心和疑惑。这时，妈妈如何为孩子讲解死亡便显得异常重要。妈妈可以试着和孩子谈一谈有关生命的话题。

1. 对孩子进行有效的生命教育

6岁的蒙蒙有一天挺严肃地问妈妈："妈妈，人都会死吗？"妈妈随口说："是。"没想到蒙蒙听了竟然哭了，说："我不要妈妈死，你要是死了，我就没有妈妈了。"对于蒙蒙的话，妈妈并没有在意，还把它当作笑话讲给别人听。但是后来妈妈发现蒙蒙好像为此而有了心事，总是闷闷不乐。

大多数家长不愿意和孩子谈死亡，但说一些有关生命的问题一般来说不会影响生活。但有时候对死亡的疑惑和恐惧会衍生出其他问题。比如，遭遇周边亲朋突如其来的死亡会令孩子不知所措，被伤心恐惧所控，长大了或许都还有心结。还有，家长若没有很好地指引，孩子就会常常感觉不安全，甚至会笼罩在死亡的阴影之中。

2. 减轻孩子对死亡的恐惧

可能每个家长与孩子谈论死亡时用的方式都不一样，但应该坚持这样的方向：生老病死是自然规律，人要直面生命的过程，生活是永远伴随着关爱的，鼓励孩子勇敢、坚强、乐观。

当孩子问起有关生命的问题时，妈妈不要轻易责备孩子："不要说这种话，小孩子懂什么？"最好采用比较温情的说法，如"他去了天堂"。可以告诉孩子：那里是他的另一个世界，会有人照顾和陪伴他，我们暂时没有办法和他在一起，我们要祝福他；同时，我们也要照顾好自己，让他觉得安心，我们开心，他也会开心。让孩子了解到生命的宝贵，珍惜生命。如遇亲人离世，大人不要只顾着一直沉浸在痛苦中，要顾虑到孩子的感受。告诉孩子：你看，去世会让亲人伤心难过，所以要珍爱自己的生命，健康快乐地生活。

妈妈可以对孩子进行认识生命过程的教育。平常可以让他看自己小时候的照片、父母小时候的照片、去世的长辈以前的照片，或者通过图书、电影进行教育。让孩子了解生命的历程，认识到生老病死是一个自然规律，这样会减轻他对死亡的恐惧。同时，也要教育孩子珍爱生命，保护好自己的生命，如注意交通安全，爱惜身体等。

但妈妈需要注意的是：给孩子讲解死亡应因年龄而异。

0～3岁，可以通过动植物的死亡来教孩子好好照顾动物、植物，要爱护它们。3～5岁可以知道生命的全过程，如一只蝴蝶从蛹到蝶，到死亡。如遇到家里有人去世，可以找机会让孩子知道死亡的事实。如果孩子遭受过死亡的威胁，要给予孩子更多的关爱。7岁以上可以讨论非正常死亡。孩子太小的时候不适合讲这些，除非孩子真遇上了那些事，不然他也很难明白。

孩子认错不批评

在现实生活中，特别值得注意的是批评上的超限效应。所谓超限效应，是指刺激过多、过强和作用时间过久而引起内心极不耐烦或反抗的心理现象。关于超限反应有一个很有意思的小故事：

美国著名幽默作家马克·吐温有一次在教堂听牧师演讲。最初，他觉得牧师讲得很好，使人感动，准备捐款。过了10分钟，牧师还没讲完，他有些不耐烦了，决定只捐一些零钱。又过了10分钟，牧师还没讲完，于是他决定，一分钱也不捐。到牧师结束了冗长的演讲，开始募捐时，马克·吐温由于气愤，不仅未捐钱，还从盘子里偷了 2 元钱。

"上帝都会原谅男孩们犯错误"，然而有些家长遇事就唠叨个没完，男孩犯了错误时就揭男孩的老底，把男孩过去的"劣迹"统统翻出来，一一数落给男孩听。有些家长在批评男孩之后，总觉得意犹未尽，重复批评一次，接着还会批评……

就这样一而再，再而三地重复同样的批评，使男孩极不耐烦，讨厌至极。男孩为什么对这样的批评产生厌烦心理、逆反心理呢？第一次挨批评时，男孩的厌烦心理并不太大，但是第二次，往往会使厌烦倍增。如果再来个第三次、第四次……那么批评的累加效应就会不断增大，厌烦心理就会以几何级数增加，演变成反抗心理，甚至达到不可收拾的地步。就像故事中的马克·吐温一样。

为避免这种效应在批评中出现，应切记：男孩犯一次错，一般只能批评一次。千万不要对男孩的同一件错事，重复同样的批评。如果问题严重一定要再次批评，也千万不要像鹦鹉学舌那样，简单地重复一次，应该换个角度进行批评。因为男孩一旦受到批评，需要一段时间才能恢复心理平衡，受到重复批评时，他心里会嘀咕："怎么老这样对我？"心情就无法恢复平静，反抗心理就高亢起来。如果一次错误只批评一次，男孩就不会觉得同样的错误一再被"穷追不舍"，厌烦心理、反抗心理就会随之降低。

有的男孩由于自制力差，有时会一而再，再而三地重复犯同样的一个错误，这时候，我们也不应该去纠缠旧账。而是就事论事，错在哪里就批评到哪里。批评目标集中，批评一次就只能针对一次的错误，在什么地方、什么事上错了，应当只就这个错误进行批评。

最后，就是批评一定要讲艺术，能让男孩愉快地接受。当你批评的时候一定要让男孩感觉到你的批评是对事不对人，家长批评男孩的目的就是帮助他提高认识，端正态度，纠正错误的行为。所以，家长在批评孩子时，根据客观事实，避免主观明确地提出批评。用客观事实说明什么是导致你批评他的原因，避免做主观评价，做到批评其行为，而不伤害其本身。指出孩子的行为本身有何错误，而不应该对男孩进行人身攻击、人格侮辱等。

总之，我们应该通过批评向男孩传达一个信息，你以前都做得很好，我之所以批评你，是因为你这次做错了，在批评的同时对男孩提出殷切的希望。相信每个犯错误的男孩都愿意改正自己的错误，让自己变得更好。

告诉孩子犯错不要找借口

让男孩学会说"对不起"，其实就是教育孩子要勇于承担自己的责任。一个做错了事而不敢去承担的人，就是一个没有责任感、没有价值感的孩子，他无法找到自己的生命在社会中的地位与重要性，也找不到前进的方向，就失去了创造成就的动力，最终将一事无成。这样的孩子是可悲的，这样的妈妈也是失败的。

有的家长认为男孩做错事时道不道歉并不重要，只要下次注意就可以了，但是当错误产生时，家长一旦无原则地让步，对孩子姑息放任，其实就是变相地提示孩子，自己的错误可以不用承担后果。

为了教育好自己的男孩，家长需要注意以下几点：

1. 说对不起

当男孩犯了错误时，千万不要偏袒他们，而是应该让他们为自己的行为担起责任。逃避责任，只会让孩子留下人生的硬伤，甚至一错再错。比如孩子吃饭的时候打翻了自己的碗，要向妈妈说对不起；不小心踩到了小朋友的脚，也要马上道歉，说我不是故意的。

2. 要给男孩做最好的表率

家长错怪男孩的时候，也要勇于向他们道歉。比如你发现自己晾在阳台的衣服不翼而飞了，你以为是孩子淘气藏了起来，便不听孩子的解释把他教训了一顿，当你发现衣服其实是被风吹到了楼底下的时候，不能放不下面子就这样算了，想反正他是个孩子，你应该马上向他道歉，孩子便能感同身受，下次自己遇到这样的事情，才会勇于承担。以身作则，是教育孩子的最好方法。

3. 教男孩做一个和善的人

当自己受到触犯的时候，要勇于原谅别人的错误，学会换位思考。比如在餐厅吃饭，一个小朋友不小心把饮料泼在了孩子身上，这个时候可以教孩子想一想，如果你是他的话，一定已经非常内疚了，我们就不要再责怪他了。让孩子做一个大气、宽容的人，才能得到幸福和快乐。

第三章

男孩穷养，女孩富养

　　不可否认，男人比女人承担着更大的压力和责任，因此，培养男孩就要着重于坚强、意志、责任等品质。怎样才能培养男孩的这些品质呢？"穷"养是最为有效的教育方式之一。只有让男孩从小经历一些磨炼和苦难，体验生活的不易和艰辛，学会独立和坚强，将来他们才能更好地处理自己的事情，成为一个顶天立地的男子汉。而富养女孩，主要是为了培养其贵族气质，不被金钱所迷惑，不为物质所利诱，从而保持良好的品格。

真正理解"穷养"男孩的含义

　　"男孩穷着养，女孩富着养"是在中国流传很久的一句教子格言，之所以根深蒂固一定有它的道理。那么，男孩为什么要"穷"养呢，对这种传统的教育理念我们该如何理解，"穷"养男孩又有何深刻的道理和内涵？这无疑是每个男孩父母应该仔细思量的事。

　　对于每个男孩子来说，无论是成长还是成熟，都需要自立白强，需要承担更多的责任，需要面对更大的困难，需要不懈地自我奋斗，可以说，成功男人的成长和成熟是一个不断挑战自我艰苦奋斗的过程。也许，好多人认为"穷"养男孩，就是控制孩子的花销，不要给他太多的享受，以免惯坏他，这样的理解较为片面，和我们所说的"穷"养有一定的区别。我们认为"穷"养男孩更重要的意义在于通过对"穷困"和"艰苦"的切身感受，对孩子意志、品质、性格、心态的磨砺、锻炼和培养给孩子带来的价值。

如果没有这样一个过程，男孩极易养成挥霍的习惯，贪图享受，脆弱无能，不负责任，不知人间真情。就像有的城市小学生听说农村有孩子吃不饱饭，竟吃惊地问："饿了为什么不吃巧克力？"这不禁让人想起历史上的痴呆皇帝晋惠帝，天下荒乱，百姓饥饿，他说的话就是："何不食肉糜？"这样的男孩日后怎能面对生活的考验。他们迟早会被社会所淘汰。

古话说："艰难困苦，玉汝于成。"男孩要成才，不回避"艰难困苦"，方能"玉汝于成"。让男孩过早地亲近"富"，远避"穷"，看似爱之，实则害之。所以，一定要让男孩在必要的"穷"和"苦"中得到锤炼，懂得以艰苦奋斗为荣，以骄奢淫逸为耻。

香港特别行政区首任行政长官董建华是世界船王董浩云的儿子。董浩云是香港屈指可数的大富豪之一，他对孩子要求十分严格，从不娇生惯养。

董建华理解父亲的苦心，他读书时，过着十分简朴的生活，每天乘公交车往返于校园和住所之间，潜心于学业，从来不因为自己是船王的儿子就与众不同。

董建华毕业以后，大家都认为董浩云会安排儿子到国外去深造，或是在家族企业中执掌大权，但让人吃惊的是，他竟然安排儿子进入了美国通用汽车公司当一名普通职员。他对儿子说："小华，我不怀疑你是个有理想的人，但我担心你的刻苦精神不够，你不要想到自己有依靠，你必须自己主动去找苦吃，磨炼自己的意志，接受生活对你的种种挑战，并战胜它。"

董建华听从了父亲的话，在美国勤勤恳恳地干了四年，不仅学到了先进的管理经验，还学会了为人处世之道，培养了吃苦耐劳的精神，为以后的事业打下了坚实的基础。

由此可见，作为世界巨富的董浩云，深谙对孩子的"穷"养之道，也最终养育出了非常优秀的儿子。

当然，我们这里所说的"穷"养男孩，并非是要男孩吃糠咽菜，忆苦思甜，让男孩承受不必要的非人折磨和痛苦，而是让父母减少对男孩的娇生惯养、包办代替，让男孩从小多一些经历、多一些锻炼，培养他们坚韧、顽强的性格。

穷养男孩有内涵

男孩穷养，并不只是让男孩生活在一个穷苦的环境中，而是有着丰富的内涵的，概括起来，"穷"养男孩我们主要可从以下几方面来理解和把握：

1. 让男孩过点"苦日子"

优裕的物质生活和给孩子大量的金钱，是葬送孩子的第一杀手。有人戏称，孩子拥有大量的钱财，除了购回享乐、好逸恶劳、攀比之心外，还买回了囚车和监牢。

经济腾飞了，腰包鼓起来的家长们将钱用在培养子女上，这本无可厚非，可以给他们创造良好的学习条件、环境，但绝不能给他们太过奢侈的物质享受。要不然，就把钱存起来，等儿子长大，有了正常的金钱观后再给他也不迟。

为了儿子的积极奋进，为了儿子养成勤俭节约的美德，为了儿子不饱暖思坏，还是让他过点"穷日子"为好。

2. 让男孩体验挫折感

温室里的花朵承受不了狂风暴雨的侵袭。含在嘴里怕化，捧在手里怕摔的爱子观，会促使男孩意志不坚强，心理承受力差，稍遇不顺心或挫折就走极端。

挫折会激发男孩勇敢无畏的精神，积极面对遇到的困难。作为父母，就必须让儿子遭遇"挫折"，鼓励其克服并战胜它。

3. 让男孩学会独立生活

"衣来伸手，饭来张口"，"万事包办"，这是育人大忌。很多大学生不会做饭、不会洗衣、不会叠被，这简直不可思议。这样的男人能接受社会的各种挑战吗？能有创造力吗？所以，父母要尽快从儿童时起，就教会他们独立承担力所能及的事。生活自理、独立办事是人之必然！

4. 让男孩适当受点委屈

男孩子必须学会坚强。适当地受点委屈，就会对生活有更深刻的认识。儿子做错了事，家长给予适当的批评和惩罚是必要的，哪怕他受点委屈，也是育人的一种策略。这样的孩子，领略过多种情感体验后，逆反心理少、心理承受力强、心理健康，易成大事。

5. 让男孩学会承担责任

责任是男人肩头的"徽章"。因敢于担当，不推卸责任，才让男人更显魅力。所以，父母对男孩要从小进行责任心的教育，让他们未来能担起家庭和社会的双重责任，成为一个顶天立地的男子汉。

6. 让男孩多点乐观和爱心

乐观的心态和善良的爱心，是一个成熟优秀的男人必备的品质。所以，父母要通过不同的方式方法引导孩子，擦去孩子心灵的污垢，消除孩子心中的自私，让孩子成长为一个乐观开朗、善良真诚的人。

每个父母都爱自己的儿子，但爱有"小爱"和"大爱"之分。那种一味地宠爱儿子的做法，就是"小爱"；而那种"穷"养儿子的做法，才是真正的"大爱"。大爱无疆，男孩只有在这种教育下，才能成长为健康快乐、优秀卓越的男人。

男孩，家富也得"穷"着养

父母应该认识到，让孩子学会吃苦，学会做人不是一件容易的事，更不是一个简单的过程，需要父母"狠"下心来，加强对孩子的吃苦教育，帮助孩子树立敢于吃苦的坚定信念。

男孩要在未来的生活和社会竞争中取得成功，不仅需要掌握各种科学知识和职业技能，还要有肯吃苦、负责任的精神。男孩的天性让他们从襁褓期开始就不会像女孩一样心安理得地接受挫折，也不喜欢坦然接受他人的帮助，但由于父母的娇宠和溺爱，很多富裕生活中成长的男孩都受不住挫折，依赖心理特别强。

但是，男孩将来不仅要承担家庭的责任，社会责任和压力也与日俱增，他们要面对学业、婚姻、工作及家庭等社会和人生课题。每个人的人生都不会是顺境，更多的时候是逆境，孩子能不能吃苦在很大程度上决定了他人生的成败。所以，父母即使再富有，也要对儿子"穷"着养，不要让富裕的生活毁了儿子。

1992年8月，77名日本孩子来到内蒙古，与30名中国孩子一起举行了一个草原探险夏令营。

在英雄小姐妹龙梅、玉荣当年放牧的乌兰察布盟草原，中日两国孩子每人负重20千克，匆匆地前进着。他们的年龄在11～16岁之间，根据指挥部的要求，至少要步行50公里路，而按日本人的计划是100公里路程。

说来也巧，在中国孩子叫苦不迭之时，他们的背包带子纷纷脱落，给了他们偷懒的极好理由，他们纷纷将背包扔进马车，揉着勒得酸痛的双肩，轻松地又说又笑起来。有个女孩的背包带子很结实，没有理由扔进马车，但很多男孩抢着帮她背，尽管如此，没走几里路，这个女孩就病倒了，蜷缩成一团瑟瑟发抖。见到医生后女孩泪水不止，于是她被送回大本营，躺在床上品尝着内蒙古奶茶。

有一个矮小的日本男孩也生病了，他肚子疼，脸色苍白，汗珠如豆。中国领队发现后，让他放下背包他却不放，让他坐车他更是不肯。他说："我是来锻炼的，当了逃兵是耻辱，回去怎么向老师和家长交代？我能挺得住，我一定要走到底！"在医生的劝说下，他才在草地上仰面躺下休息了一会儿，然后又爬起来，继续前进。

晚上7点，队伍到达了宿营地，孩子们支起帐篷，准备晚饭和宿营。内蒙古的孩子生起了篝火，日本孩子做了米粥和菜，他们先请大人吃，然后自己才狼吞虎咽。中国孩子却以为会有人把饭送到自己面前，直到发现没有饭了，有些孩子向领队喊冤叫屈，但是没饭了，也只能饿着肚子。

第二天早上出发前，日本宫崎市议员乡田先生赶来看望两国的孩子。这时，他的孙子已经高烧一天多，许多人认为他会将孙子接走。可是，他只是鼓励了孙子几句就乘车离去。这不由得让人想起才发生的一件事：当发现道路被洪水冲坏时，某少工委干部马上把自己的孩子叫上车，风驰电掣般地冲出艰难地带。中日两国家长对孩子的态度是何等不同。

经过两天的长途跋涉，夏令营宣告闭营。宫崎市议员乡田先生做总结，他大声问日本孩子："草原美不美？"77个日本孩子齐声吼道："美！""天空蓝不蓝！""蓝！""你们还来不来！""来！"几声狂吼震撼了在场的每一个人。日本人满面笑容离开了中国，神态很轻松，但留给中国人的思考却是沉重的。

短短的一次夏令营，暴露出中国孩子的许多弱点。刚上路时，日本孩子的背包鼓鼓囊囊，装满了食品和野营用具，而有些中国孩子的背包几乎是空的，只有吃的，才走一半路有的中国孩子便把水喝光、食品吃尽，只好靠别人支持，他们生存意识很差。野炊时，日本孩子主动炒菜做饭，中国孩子却什么也不干，对于大人的批评甚至反应麻木，无动于衷。在探险过程中，日本孩子把用过的杂物装在塑料袋里带走，发现鸟蛋马上用小木棍围起来，提醒大家不要踩，中国孩子却一路走一路丢东西……

短短两天的夏令营，暴露出中国孩子的许多弱点，这不得不让中国的父母反思培养目标与培养方式的问题。同样是培养教育，要培养的是什么人？每个国家、每个民族都在培养后代。

日本人重视生存状态和环境意识，所以他们注意培养孩子的能力和公德。中国人望子成龙，表现为保护孩子不受苦，却因为过多呵护让他们失去生存能力。日本人为了培养孩子，甘心承担一些风险和责任，中国人也对探险夏令营赞不绝口，可是让他们送自己的孩子参加时，却都缩了回去。

穷养孩子是必要的

全球在竞争，教育是关键。不同教育下的孩子哪个更具竞争力，一目了然。

在发达国家，人们生活富裕，但大多数父母对孩子要求甚严。他们信奉"再富也要穷孩子"的道理，他们对孩子的生活保持低标准，不鼓励孩子纵欲使性，以磨砺孩子的意志，不让他们堕落成只会享受的庸才。他们知道娇生惯养的孩子缺乏自制力和独立生活的能力，长大后难免吃大亏。孩子们长大后总是要离开父母，独自闯荡自己的天地，与其让他们面对挫折时惶惑无助，还不如让他们从小就多受受苦，从而学会应对人生的能力和本领。

改革开放后，中国比以前富裕了，许多家庭的物质条件也大大提高。因为只有一个孩子，所以家长只是想方设法地让孩子尽量过得舒服些，孩子要什么就给什么，零花钱从来不断，生活上还照顾得无微不至，生怕孩子吃一点苦。但是，这样养大的孩子不知道每一粒米来之不易，也不知道如何料理自己的生活，将来如何自立于社会？今天的呵护难以遮蔽明天的风雨，如果父母不让男孩从小吃点苦，受点穷，将来他也难以为自己打拼出富裕的生活。

因此，再富也要苦苦孩子。在日常生活中，让男孩对自己的事情负责，独立完成起居、打扫房间、整理物品等日常事务；在学习过程中，独立思考，独立完成作业。同时，父母要有意识地设置一些难题，让孩子学会在挫折和逆境中生存的能力。另外，父母要做好孩子吃苦的榜样。很多孩子没有吃苦精神，不能独立，没有责任心，与父母的言传身教有很大关系。

对男孩进行吃苦教育，也是教孩子更好地做人。孩子通过吃苦，就会体味到父母的艰辛和不易，更加珍惜所拥有的一切，自觉地努力生活和学习。

让孩子学会自己扛事

父母如果心太软，对孩子的事情包办过多，往往容易造就懦夫和懒汉。"播下的是龙种，收获的是跳蚤"，这样的教训数不胜数。只有放开手脚，让孩子自己在人生的海洋中去搏击，孩子才能经得住风浪，而不至于被淹没。不要帮孩子扛孩子的问题，走出替代的误区，这是现代父母必须具备的素质。

当孩子做不好事情或遇到困难时，父母应该做的是鼓励，而不是替代。可是有些父母往往不能明智地对待孩子，处心积虑，唯恐照顾不周；宁愿自己受苦，不愿孩子受累。一所学校对学生进行"在家是否做家务"的调查，竟然有 2/3 的学生回答"爸爸妈妈不让我们做，怕我们做不好"。很明显，我们的父母对孩子替代有余，鼓励不足，如此状态下的孩子不但四肢不勤，而且受不得任何挫折和困难。

美国一对年轻夫妻带着 6 岁的儿子在郊外骑车时，男孩的自行车陷到了泥地里，父母只说了句"闯过来"就径直走了。孩子实在骑不动，只好慢慢推过去。当孩子满头大汗地赶上父母时，父母夸赞儿子："非常好！你像个男子汉！"

有这样一则新闻：学生小张考取了国内某名牌大学。可入学后，他不但无法换洗衣服，无法去食堂吃饭，更无法适应没有父母照顾的集体生活，无法在宿舍睡觉。入学不久，他就因为生活不能自理退学了。

美国父母看着孩子"受罪"却如此狠心，这在国内一些父母看来简直不可思议。但不可否认，对比国内一些父母的做法，造就小张这样没有生活自理能力的大学生，美国父母的做法确实值得所有中国家长进行回味和反思。

让孩子脱离父母庇护，独立生活

联合国教科文组织 21 世纪教育委员会提出了新世纪的教育宗旨，要求受教育者学会求知、学会做事、学会合作、学会做人，还有学会生存、学会关心、学会发展等。目的是要受教育者全面发展，既要学习掌握科学知识，又要学会做人；既要有扎实的文化理论功底，又要有多种能力和强健的体魄。

21 世纪对孩子的教育提出了更高的要求，实施素质教育是发展的趋势。但能否顺利实施，实施效果如何，不在于孩子，而在于成年人，放到家庭教育中，就在于父母。如果父母不注意去读书、去学习，不注意提高自身的素质，那么对孩子的素质教育将是一句空话。

对比一些其他国家的孩子，中国孩子的表现让人触目惊心。在 1992 年那次中日少年夏令营中，中国孩子的无组织、无纪律、眼高手低、以我为中心等毛病曾经引起众人的痛心和沉思。然而，生活中还是经常可以看到孩子类似的表现：每逢学校组织出游，恨不得把食品店都带上；上课忘带书本会理直气壮地埋怨"妈妈忘记了"；学校打扫卫生让家长去代劳；十几岁了从未洗过袜子和内衣是常事；学校门口已经是交通堵塞最严重的地方；大学生入学由父母帮忙办理入学注册，进行行李安置等；考取名牌大学的高分学生却因为生活不能自理而退学……这究竟是为什么？就是因为中国的父母心太软，帮孩子代劳的事情太多。对于孩子有求必应，照料周到，无微不至。在日常生活中，不管孩子的大事小事，一律代劳，甚至孩子完全可以自己做的事情，也舍不得让孩子去做。更有甚者，干脆告诉孩子，只要学习好，什么都可以不做，什么要求都会尽量满足。这样培养出来的孩子，离开父母后甚至无法打理自己的日常生活，更不用奢谈对社会做出什么贡献了。

美国大富豪洛克菲勒的儿子一边在哈佛念书，一边还在码头开吊车打工挣钱。很多人认为外国父母的心肠太硬，太不尽父母责任，其实仔细想想，中国的父母心太软，帮孩子做了本应由孩子做的事情，最终的结果是什么？结果是养成了高分低能的孩子，生活自理能力差，做事优柔寡断，不了解社会，与人交往不合群，感情经不起挫折，甚至产生交往困难，不得不逃离社会。如此下去，中国的孩子怎么能够面对国内国际的激烈竞争，又怎么能够竞争得过心肠硬的外国父母培养出来的后代？

俗话说：父母疼孩子没够。不管是哪一位父母，都是心甘情愿地为自己的孩子服务，从小时候的吃喝拉撒睡，到长大后的升学、就业、成家立业，无时无刻不在替他们操心费力。孩子小，有些事情自己做不了时，父母帮忙做倒也无可厚非，但是不分原则地替孩子扛起所有问题，包办所有事情，就不是爱孩子而是害孩子了。

因此，中国的父母也要心肠"硬"一些，让男孩早日长出独立的翅膀。每位父母在感叹"如今的孩子怎么了"的同时，也要反思一下。同时，还要捧起书本学习一些新的教育思想，改变一下头脑中旧有的教育观念。"养"孩子不单单是照顾孩子长大的意思，还要教会孩子独立自主的意识和能力，引导孩子学习基本的生活技能，让孩子在游戏中学会如何与人相处，与自然和谐相处。

现在受穷，将来才会富

常常有父母在想："儿子还缺什么？给他买一个机关枪呢，还是电动摩托车呢？"但是，很少有父母会想到孩子缺乏吃苦耐劳的精神。在中国式家庭中，孩子是整个家庭的希望，很多上辈人都会过分溺爱、袒护下辈人。"让孩子吃苦"的观念恐怕会让很多上辈人大跌眼镜。事实上，就一个人来说，吃苦耐劳是他的立世之本；就一个国家和民族来说，吃苦耐劳是立国之本和立族之本。没有吃苦耐劳的精神，孩子将来就难以面对竞争日益激烈的世界，所以，父母一定要舍得让男孩吃苦，否则他的将来会更苦。

有这样一篇报道：一对夫妻把儿子辛辛苦苦养大，儿子大学毕业后上了班，有了收入，父母就不再给他零花钱。可是进入社会的儿子不但要用好的、吃好的，还要追流行，钱根本不够花。最后，他对父母说："如果你们不能给我提供一辈子的优裕生活，为什么让我从小就养成这种习惯？"

看了这个故事，每个父母都应该反思一下，自己家里有没有这种潜在的危机？这对夫妻极其溺爱儿子，表面看他们是"爱"儿子，结果却是"害"儿子，让儿子在成长生活中养尊处优，习以为常，直到自己走进社会时，才发现自己的收入根本养不起自己，从此生活在痛苦之中。

父母不可能供养孩子一辈子，孩子的成长也只有一次，而且不可逆转，父母只有让孩子从小吃些苦，学会独立自主的能力，懂得感恩和珍惜，孩子将来才能有幸福的生活。

在很多发达国家，都很重视对孩子进行吃苦教育：

在美国，南部一些州立学校特别规定：学生不带一分钱，必须独立谋生一星期才能予以毕业。通过这种吃苦训练来培养孩子独立生存的能力。条件尽管苛刻，却让孩子们受益匪浅，家长们对这项活动也全力支持。

在瑞士，父母从小就非常重视对孩子进行吃苦教育，让孩子学习自食其力，以免将来成为无能之辈。如瑞士有德语区和法语区，瑞士的父母会让成年的孩子到不同语言的家庭去做工，既锻炼劳动能力，又有利于学习语言。

在德国，父母从不包办或代替孩子做任何事情。相关法律还规定：孩子到 14 岁就要在家里承担一些家务劳动，比如要替全家人擦皮鞋等。这样做不仅培养了孩子的劳动能力，还培养了孩子的吃苦精神和社会责任感。

在日本，"除了阳光和空气是大自然的赐予，其他一切都要通过劳动获得"——这是父母教育孩子的座右铭。他们鼓励孩子在课余时间外出打工赚钱，通过在饭店做服务生，在商店做售货员，或是做家庭教师等来赚取零用钱。

在加拿大，为培养孩子的吃苦精神和独立生存能力，父母有意识地让孩子学习独立生活。有位父亲让上小学的儿子每天早上到各家去送报纸，因此孩子每天要早起，无论刮风下雨，都没有耽误过。

与这些国家的吃苦教育相反，中国的父母生怕自己的孩子吃一点点苦。很多孩子从小就泡在"蜜罐"里，根本不知道什么叫吃苦，导致他们上大学后仍然无法独立生活。有些家长抱着这样的心态：我们年轻时已经吃了很多苦，绝不能再让孩子像我们一样吃苦。也有些父母发现孩子吃不了一点苦，因此对孩子的未来感到担忧。于是对孩子进行吃苦教育，把孩子带到贫困的农村住几天，或者去夏令营进行吃苦锻炼，但往往事到临头，又下不了狠心。孩子们没有体验到吃苦的感受，因此仍然不懂得珍惜。

其实，让男孩吃点苦是对他的毅力和生活能力的一种磨炼，不能吃苦的孩子很难对现实有深刻的了解和理解。让孩子适当进行吃苦教育，是一种"大爱"的表现，是对孩子负责的表现，是有助于孩子成长的表现。嚼得菜根，百事可做。为了能让孩子健康成长，全面发展，父母应该鼓励孩子从小树立不怕吃苦、敢于吃苦的信念，让孩子经受更多的锻炼。

今天的孩子所面临的是一个处处充满竞争的市场经济社

会，优胜劣汰是普遍的现象，每个人将来都要站在竞争的第一线，面临生死存亡的严峻考验。这种情况下，单凭知识和智力，缺乏吃苦的精神，没有拼搏进取的意志，没有坚韧不拔的毅力，是很难在激烈的竞争中取胜的。

培养孩子的吃苦能力，可以从日常生活中的小事做起，如让孩子自己做自己的事情，帮父母做一些力所能及的家务等。孩子在做事时可以体会到父母的辛苦，能够增强孝敬父母的情感。孩子在生活里锻炼的过程中，真正参与到现实生活，真正感受到生活的不易，才能发现自己生活的珍贵，才能明白幸福生活要靠自己去努力才能得到。

哪一个父母都不可能终生跟随孩子，更不可能照顾孩子一辈子。现在舍不得让孩子吃苦，孩子得到的知识和经验就少，将来吃的苦可能就更多。所以，父母要及时引导孩子学习生存的本领，让孩子掌握独自开拓未来的能力。

强调让孩子吃苦，也不是说孩子吃的苦越多越好，更不是说吃的苦越多学习就越好，而是提醒父母不要刻意去避免孩子受苦。很多父母只把孩子读书看作学习，没有把做其他事情看作学习，对于孩子来说，经历的所有事情其实都是学习。经历的事情越多，学习的机会就越多。如果父母怕孩子吃苦，自己帮忙把孩子的事情都做了，就等于让孩子失去了学习和自立的机会。

当然，家长爱孩子也是值得大力提倡的。在爱的呵护下成长的男孩，感受着家庭的温暖，有益于他的身心健康，会使他更加健康地成长。总之，家长越是爱护孩子，就越要对孩子进行全面教育，尤其是要加强"吃苦"教育。当今的社会竞争越来越激烈，如果现在不抓紧时间进行"吃苦"教育，他们在以后的升学、就业等竞争中，遇到挫折有可能就会郁郁寡欢、偃旗息鼓、一蹶不振。如果真是这样的话，别说干一番大事业，就是在社会上立足也会是个大问题。

父母选择女孩未来

有教养的家庭走出来的女孩大方得体，缺少关爱和教育的女孩往往不能得到好的婚姻和人生。即使是同一个家庭走出来的两个女孩，由于父母的关注程度和对待态度上细微的差异，也能导致两种不同的命运。

1981年7月29日，容貌高贵、体态优雅的戴安娜披着7米多长的婚纱，在圣保罗教堂与查尔斯王子立下永生相爱的誓言。无数的男女老少从四面八方赶来，他们中有人甚至头一晚就已露宿街头，只为亲眼目睹这场王子与公主的童话。

在近百万国民的狂热欢呼声中与全球7.5亿电视观众的瞩目下，戴安娜穿着那件象牙色婚纱，成为童话故事中幸运的"灰姑娘"。当查尔斯王子送上深情的一吻，戴安娜彻底沉浸在了幸福的喜悦和爱情的甜蜜之中。

戴安娜，一个永恒的名字，她是人们心中永远的"威尔士王妃"。

从平民到王妃，戴安娜的前半生走上了一段童话般的历程。当她出现在人们面前的时候，人们惊异于她的美丽、动人、高雅、端庄。尽管她并非显赫的家庭出身，但她的美已经征服了挑剔的英国人。良好的成长环境，给戴安娜的王妃之路铺上了鲜花。

16 年之后，"英格兰玫瑰"戴安娜不幸在车祸中逝世，当死讯传来，同样是在威斯敏斯特教堂外，成千上万的人手捧鲜花为她祈祷。令举世同悲的，不仅因为她容貌美丽，更重要的是她生前热衷于慈善事业，她在萨拉热窝访问战争致残的儿童、毫无间隙地与艾滋病人和麻风病人握手、在津巴布韦积极地为难民们分发食品、为抗艾滋病和抗癌协会筹款在纽约拍卖自己的服装……就在去世前的三个月前，她还访问了波斯尼亚。到戴安娜去世为止，她与世界 150 个慈善机构有着密切的联系，并且是许多慈善机构的直接赞助者或经理人。对慈善的关注让戴安娜的名字深深地铭刻在了人民的心中。尽管婚姻不如童话般完满，但没有人责怪戴安娜，她依然是正统的王妃代表，哪怕时隔多年之后，查尔斯王子再娶，人们也不禁回忆起当年戴安娜的美丽和优雅。

　　戴安娜的人生，既有甜蜜的结合和对美好生活的向往，也有婚姻的失意和专注于慈善的崇高。这些跌宕起伏的人生，已经足够让人们记住她，怀念她；也足够让一个女孩展现自己的美丽和善心。

　　为何在众多英格兰女孩中，偏偏只有戴安娜有这样的机会？因为父母给她的容貌、家庭给她的气质和教育给她的品格。可以说，这个女孩的命运正是家庭决定的。古往今来的女子的命运，何尝不是如此？

　　在一个普通的公务员家庭里有两姐妹，姐姐从小听话、温顺，父母总是对她很放心，也从不过多地关注她；妹妹性格倔强、淘气，而且长相很可爱，因此常常得到亲戚们的夸奖和父母的关注。正如"马太效应"一样，姐姐得到的关注越来越少，而妹妹却越来越出众。姐姐上了一所不太理想的大学，毕业后回到家乡继承父亲的"衣钵"，做起了公务员；妹妹则考上了很好的大学，顺利读完了研究生，在国外从事汉语教学。

虽然姐姐和妹妹的人生孰好孰坏还不能简单地判断，但是按照很多名人对人生的定义是要"多经历一些事情，明白一些道理"来说，妹妹的人生无疑更加丰富，她可以自由选择的舞台更加宽广。同样是一个家庭的孩子，但是父母不同的态度，成就了女孩不一样的人生。

多关注女孩

虽然现在人们总是喜欢说不要"溺爱"孩子，但事实上并非如此，有的时候孩子也是需要父母宠爱的，尤其是女孩，爱她越多越好，绝对不会把孩子爱坏了。现在看起来好像是父母很迁就孩子，实则是对孩子的关注不够。如果你的家庭中有一个小女孩，家长们需要格外注意对女孩子的关注。一方面是因为女孩的心灵比较依赖别人的关注，女孩的性格和对自己的看法往往来自父母的言语和态度，另一方面也是因为女孩有很多问题都是由于缺少关注造成的。

女孩子性格孤僻、倔强、缺乏自信、妒忌心重等等，这些心理问题都是因为父母没有及时给予关注、没有及时抚平她心中的不平衡造成的。

我们建议父母要每天抽出一段时间来和女孩沟通，最好是在她入睡前的一个小时，可以和她谈谈今天的收获，给她讲讲童话故事，和她一起读一首小诗、听一段音乐等等。即使不是言语上的交流，但是父母和女孩在一起的话，也能起到很好的"关注"效果。

对于长期工作在外地的父母而言，关注女孩有点力不从心。这时候父母最好能按时给女孩打电话，并且一定要守时。这样的行动看起来很简单，但是能告诉女孩，你一直在关注她，她是你生活中的一部分，你一定会出现在说好的时间里。这样有益于女孩找到安全感和归宿感。

有条件的父母，最好能够带着女孩去见见外面的世界，或者就是到自己工作的地方去看看，这样也是在增加女孩被爱的感觉。

只有物质还不够

几乎没有人会喜欢"拜金女""败家女""豪门艳女"这样的称呼，但娱乐圈中带着这种"头衔"的明星还真不少见，帕丽斯·希尔顿应该算得上其中最著名的一位。

帕丽斯·希尔顿的祖父是全球连锁的著名酒店希尔顿酒店的总经理，希尔顿国际酒店集团在美国经营管理着 403 间酒店，其国际酒店集团在全球 80 个国家内有逾 71 000 名雇员。就是这样一个大集团的千金小姐，给人的印象却是一个地地道道的"拜金女"。她不缺少奢侈品和财富，但她似乎永远缺少满足感，于是不断地制造话题，哪怕是成为不怎么好的话题。

希尔顿曾经因为驾驶执照被吊销后仍然开车被判入狱 45 天，一下子她成为媒体重点关注的对象。"希尔顿 4.6 亿遗产落空，其放荡给家族抹黑""帕丽斯·希尔顿极度自恋，主动给狗仔队爆料""希尔顿出狱后再泡夜店，改过自新宣言成泡影"，这样耸人听闻的标题一夜之间长达三页！

希尔顿是20世纪70年代两位著名童星金·理查兹和卡仪·理查兹的外甥女，她与两位著名影星莎莎·嘉宝和伊丽莎白·泰勒也有着亲戚关系。祖父是著名希尔顿酒店集团现任主席巴伦·希尔顿。

小时候的帕丽斯与家人居住在不同酒店的总统套房，包括曼哈顿的华道夫—阿斯多里亚酒店、比华利山和汉普顿。曾到加州上流社区——雪曼橡树区（ShermanOaks）的巴克利学校（BuckleySchool）念过书。后来由于美丽的相貌和出众的家世走向了娱乐圈。其实帕丽斯在娱乐圈中除了话题，能够彰显她的演艺才华的作品并不是很多，可以说这个女孩要成为费雯丽、奥黛丽·赫本那样的经典影星，还有很长的路要走。不过，她的家族财产帮她少走了一段常人需要艰苦打拼才能走好的起步阶段，而她张扬的性格又无形中减轻了她出名的压力。仅仅是入狱三天之后旋即出狱的新闻，就令她身价倍增。但这些外在的优势，对一个有志于表演的人来说真的会是优势吗？

因为无证驾驶入狱后，希尔顿尽显千金小姐的做派。她打电话向家里人抱怨监狱的伙食很简陋，自己根本就没有吃东西。"牢房冰凉冰凉的"，由于无法携带自己的枕头进监狱，希尔顿晚上失眠，不停地哭泣，令整个监狱的人都感到极度厌恶和不满。从总统套房到监狱，希尔顿当然有很多委屈要哭诉。

中国的"富二代"中，也不乏希尔顿似的人物。看一看香港的街头小报，就知道很多富人家庭的教育问题不少。普通家庭太宠孩子以至于酿成悲剧的故事，比希尔顿有过之而无不及。

有一个女孩从初中开始就喜欢上了一位著名的影星，并且一直幻想着要和他成为神仙眷侣。她为了追星放弃了读书，自己的小天地里面贴满了心目中的王子的海报。看着女儿痴情于明星的时候，让人惊讶的是父母也支持她，不惜卖血卖肾去换一张明星演唱会的门票。

由于女孩陷入太深，他们举家都搬迁到了明星经常居住的地区，并且通过媒体要求那个明星对自己的女儿负责。从清纯的小女孩到二三十岁的成人，那个有着追星梦的女孩似乎一直没有长大，没有清醒。她的同学都已经工作、成家，可她自己还是沉醉在自己的梦中。

后来，女孩的父亲因为女儿追星被媒体放大后的一连串事情而跳海，他的遗言不是对女孩的劝诫或者祝福，而是对明星的口诛笔伐。"你配不上我的女儿""我女儿为了你耽误了十几年的青春"等，让人不禁感慨：难怪女儿如此痴狂，只因为父母对她的爱太荒唐。

养育女孩，并不是满足女孩生活上的一切需求就够了，哪怕拥有国际连锁酒店的希尔顿家庭，也不能保证一个女孩能够终身幸福，受人尊重；养育女孩，也不是仅仅答应女孩的一切需求就可以了，为女孩在错误的道路上披荆斩棘，只可能通向悲剧。

注意观察女孩的心灵成长

抚养女孩的核心就是关注女孩心灵上的成长，包括女孩的内涵提升、品质养成、道德培养和才艺培养等等。

但是现在有一个趋势就是，父母普遍给女儿的物质较多。一方面是生活条件上的，各种各样的玩具和衣服，让女孩子们一个个都很娇贵；另一方面是心灵上的，总是一味地满足，亲戚和长辈也总是争相表示宠爱，这样下去女孩子们缺少了"挫折教育"，很容易养成唯我独尊的性格，遇到问题的时候总是习惯性地抱怨、找父母求救，用眼泪来拖延时间，这样的女孩子最终是不会让人喜欢的。

其实，有很多父母也明白这个道理，但是就不知道如何对女孩的一些坏毛病防微杜渐。一个人的习惯养成不是一朝一夕的事情，同样要培养一个女孩也不是一两次注意就能解决所有问题的。在以后的篇幅中，我们会详细地讲如何培养女孩的品质。只是在这里，要说明为什么把培养女孩的过程定义为"富养"、为什么富养的核心又是精神培养。

时刻了解女孩的需要

正如现在社会所宣传的那样，真正会理财的人，不是赚了很多钱然后大手大脚的人，而是能够在有限的经济收入条件下，把日子过得有滋有味的人。同理，会教育的人不是一天到晚都守着孩子不放松的父母，而是在保证自己的生活和孩子成长的条件下，教育得最轻松最自如的父母。

我们常常看到一些不合常理的现象：经常被父母管这管那的小孩，反而什么都不会做；很少被父母批评和干涉的小孩，独立生活的能力更强。是因为"清者自清浊者自浊"吗？当然不是，而是两种家庭的父母在教育上的着力点不同而已。

当你找到了正确的教育点，可以像科学家说的那样，用一个支点撬起整个地球来。我们可以看看居里夫人的故事。

居里夫人本名玛丽，1867 年出生于波兰华沙市，当时波兰正在俄国统治之下。她的父母都是教师，失业后承包了学生食堂，年幼的玛丽也要帮忙做饭。在压迫中降生、在铁蹄下长大的小玛丽不明白为什么波兰的孩子不准学波兰话，不准看波兰书，还要在沙俄监察员的监视下学习。这时候父亲只告诉他：“你要热爱你的民族。”这句简短的话，对居里夫人一生都产生了无尽的力量。

中学毕业后，玛丽当了家庭教师。当时的波兰大学是不收女生的，所以她梦想去巴黎学习物理和化学，刚好姐姐幻想到巴黎学医，她们于是一点一滴地积蓄着去巴黎求学的费用。最后姐姐先到巴黎，她则留在波兰挣钱供姐姐上学。

玛丽不仅刻苦自学，而且不辞辛苦地到波兰农村给孩子们讲授科学知识，这样做是随时都有可能被密探们发现并被沙俄监察员抓走的。可是玛丽的心目中只有一个念头：为被压迫的祖国服务，为祖国的解放而学。五年后，姐姐获得了博士学位，玛丽来到巴黎索尔本学院求学，她穿着破旧衣服，住着简陋小屋，用面包和茶水充饥。大学的图书馆紧紧地吸引着玛丽，一次，她忘了吃饭，晕倒在图书馆。

玛丽每晚离开图书馆回到自己的小屋里，继续在煤油灯下用功，一直到后半夜两点钟。当她躺在床上休息的时候，又被冻得不得不爬起来，她只好把自己所有的衣服全部穿上，再重新躺下。艰苦的生活，刻苦的学习，弄得这位年轻的姑娘面色苍白、容颜憔悴。但是，在索尔本学院的学位考试中，玛丽以优异的成绩获得了物理学硕士第一名。

1914 年当德国侵略军逼近巴黎的时候，居里夫人带着大女儿毅然走上了反侵略战场。居里夫人研究用汽车上的发动机发电，在汽车上安上一套 X 光射线设备，士兵们亲切地叫它"小居里"。一天早晨，居里夫人乘坐的那辆"小居里"突然发生了事故，跌进了路旁的战壕里，居里夫人被摔昏了过去，这可把年轻的司机吓坏了，再也不敢开汽车。居里夫人开始刻苦学习驾驶技术。几个星期后，她又成了一名合格的司机。从此，居里夫人亲自驾着汽车，不知疲倦地从一个诊疗站跑到另一个诊疗站，一下车，就投入了透视、照相的紧张战斗……

几十年来，居里夫人由于长期从事放射性物质的研究工作，实验环境很恶劣，对身体的保护也不够严格，放射性元素严重伤害了她的身体，她的血液渐渐受到了破坏，患上了白血病。她还患有肺病、眼病、胆病、肾病，甚至患过神经错乱症。在居里夫人看来，科学研究要比她本身的健康更重要。她曾为了能参加世界物理学大会，请求医生延期施行肾脏手术；她曾带病回国参加镭研究所的开幕典礼；她曾忍受着眼睛失明的恐惧，顽强地进行科学研究。直到她生命的最后一刻，由于恶性贫血、高烧不退，躺在床上的时候，她仍然要求女儿向她报告实验室里的工作情况，替她校对她写的《放射性》。居里夫人 1934 年 7 月 4 日病逝，她把她的一生完全献给了伟大的科学事业。

玛丽的父亲用一句话成就了女儿伟大的一生，一个热爱民族的女孩，还有什么问题不能解决呢？同样，居里夫人也用一些简单的生活哲学，养育了一对优秀的女儿。

居里夫人的丈夫很早就去世了，政府提出帮忙她抚养两个女儿。年轻的居里夫人谢绝了，她说："我不要抚恤金。我还年轻，能挣钱维持我和我女儿们的生活。"

在养育女儿的过程中，居里夫人没有把小孩了扔在家里让她和姐姐玩耍，以科学之名推卸自己身为母亲的责任。在笔记本上，居里夫人像做实验一样每天记载着小女儿的体重、吃的食物和乳齿的生长情况。"伊蕾娜长了第七颗牙，在下面左边。不用人扶，她可以站立半分钟。三天以来，我们给她在河里洗澡，她哭，但是今天她不哭了，并且在水里拍手玩水……"

在一本食谱的空白处她写道："我用八磅果子和等量的冰糖，煮沸十分钟，然后用细筛过滤。这样得到四罐很好的果冻，不透明，可是凝结得很好。"

居里夫人第二次获得诺贝尔奖时，特地带上了女儿伊蕾娜，让她与自己分享这份荣耀。"一战"爆发以后，居里夫人征求孩子们的意见，是否同意将保障她们生活的财产捐给国家，两个女儿都欣然同意了。随后，她们又加入战地救护的队伍当中。居里夫人用自己的专业知识，亲自创设并且指导装备了 20 辆 X 光汽车和 200 个 X 射线室。没有司机的时候，她就自己开车到外面营救伤员，遇到故障，她就下车自己动手修理。

作为一个年轻的母亲，居里夫人并没有比别人有更多的优势，她有科研项目，还是一个寡妇。但她坚强的意志和乐观勇敢的生活态度，使一切都不能将她击倒。这种品格，也影响着她的女儿们，最终，伊蕾娜也成了诺贝尔化学奖的获得者。

教育真经：先改变自己才有资格教育孩子

很多人担心，不知道怎样去教育孩子珍惜人生、积极进取。其实，只要你自己是一个积极进取的爸爸或者妈妈，孩子自然就能拥有阳光的心态和性格。孩子对人生的所有理解，都是从父母的身上慢慢感悟到的。正因为如此，家长们才更有必要去改变自己，提高自己。

如果你想要孩子不贪财，你自己先不要动辄谈钱；如果你希望孩子能够自立自强，那么你就要给孩子做好榜样，自己的事情尽量自己做，不要留给爱人，也不要逼迫孩子去做；如果你想要孩子性格上健康，容易相处，那么你自己首先不要有古怪的习性，也不要太在意甚至放大孩子性格上不太完善的地方。

知识对于女孩最有益处

据说，每个犹太人在小时候都会被问到，如果家里着火了会带什么出来，父母会引导孩子回答是书本。因为书本是最宝贵的财富。而书本最终能够带给人的，就是知识。想要让女孩一辈子过得幸福、充实，就要给她足够多的知识，去应对人生中的各种困难，争取各种机会。

我们都很熟悉的主持人曾子墨，就是一个典型的博学多才的女孩。她的自我介绍就能说明这一点："我是曾子墨，曾子的曾，孔子的子，墨子的墨。"

翻开曾子墨的简历，你会发现上面有这样的记载："参与完成了摩根士丹利历史上最大规模的并购交易。1998年回到香港，加入摩根士丹利亚洲分公司，一年后升任经理。2000年，加入凤凰卫视资讯台担任财经节目主播，主持的栏目包括《财经点对点》《财经今日谈》和《凤凰正点播报》。2001年采访于香港举行的财富全球论坛，三天内总共采访了8位大企业和财团的领袖，并参与制作专题节目《复关人世十五年》。2002年采访了亚洲开发银行35届理事会年会和'两会'。参与拍摄的纪录片《我们在朝鲜的日子》获得观众一致好评。现担任《社会能见度》《世纪大讲堂》以及《经济制高点》的主持人。"

如今，呈现在人们眼中的这个意气风发的女子，再也不是记忆中那个梳着小辫，用春秋战国时期的三个"子"来介绍自己的小女孩。在她身上，人们所看到的，是一个美丽、坚定、有着巨大能量的都市女主播。

而她今天所拥有的一切，都与她扎实的学问和深厚的积累分不开。

从小，在子墨的观念里，在家就要做一个好孩子，在学校就要做一个好学生，就算工作，也一定要做一份最好的工作。高三时，当别的同学正在高考的煎熬下彻夜难眠时，曾子墨就以北京市模拟考试前三名的成绩被保送到人民大学金融系。一年后，当别的同学正在托福中冲刺的时候，她以托福660分的高分被达特茅斯大学以全额奖学金的方式录取。1996年毕业后，曾子墨在美国华尔街的摩根士丹利从事投资工作，在担任分析员两年中的出色表现使她成为该公司最耀眼的明星员工。出色的成绩，让子墨与众不同。

同样，著名的才女"老徐"徐静蕾也是一个凭借才气打开视野局面的女孩。她的博客点击量长年高居榜首，"这不是我的工作，也不是我最爱的一种表达方式，然而这无疑是我觉得最舒服的一种表达方式"。在自己的博客里，嬉笑怒骂，爱情、事业、朋友，徐静蕾既无话不说，也能调整好与大众的距离。

点开徐静蕾的博客，这个小小的地方和她的人一样，清新淡雅，白净的背景，简单的文字，没有浮躁和喧嚣，有的只是一丝安静、一点惬意，而这一点点的感觉就足以吸引无数博友每天来到这里，偶尔留留言，向对好友倾诉一样，和老徐成为朋友。

她写自己的喜怒哀乐，写亲人朋友，写剧组工作。做演员她拿过百花奖，做导演她拿过金鸡奖，更令人意想不到的是，她还唱歌、出书、开公司。对徐静蕾本人而言，向自我不断地探寻或许是她永远的追求。

观众第一次认识 1974 年出生的北京女孩徐静蕾，是她在赵宝刚导演的电视剧《一场风花雪月的事》中扮演的女警察。但是在演出了几部戏之后，她觉得如果一个东西完全变成一份很职业化的工作的话，就没有了创新，所以开始考虑拍电影。于是，她在一年内接了四部电影，并凭借主演的电影《开往春天的地铁》获得了百花奖最佳女主角。

2002 年，徐静蕾又一次决定改变自己的人生。一向十分有主见的徐静蕾这次接受了一个好朋友的建议。她决定执起导筒，用自己最喜欢的方式来表达。这一次她夺得了金鸡奖最佳导演处女作奖。就是这个金鸡奖最佳导演处女作奖让徐静蕾惊喜万分，因为这部《我和爸爸》毕竟是徐静蕾的第一部导演作品，能受到专家的肯定自然十分难得。自此，她的称号从"玉女"变成了"才女"。2004 年，她荣获第 52 届圣塞巴斯蒂安国际电影节最佳导演奖；2006 年，她荣获第 14 届大学生电影节最受欢迎导演奖。在经历了岁月的磨炼之后，徐静蕾终于由一个"玉女"转化为集表演、编剧、导演、制作于一身的"才女"。

"人大多数生活中 95% 的时间都是作为一个普通人活着。"

回头再看徐静蕾，的确是个耐看的人。略施粉黛的亲切笑容，让人感觉犹如邻家女孩般亲近，正如老徐说的，现代人都具有漫长的青春期。不同于娱乐圈的繁华、艳丽，老徐是个清新、淡雅、内外兼修的人，这种气质源自一个人的内涵。

而老徐的这般花样人生，与她年幼时被逼着写字、逼着读书又是分不开的。在浮躁的娱乐圈中，她是一个真正有文化的才女。

知识改变命运，对女孩来说尤其是如此。可能很多父母并不知道美国的脱口秀节目主持人奥普拉·温弗瑞。但她的成长，值得每一个家长细细体会。

奥普拉小时候生活的环境很糟糕，她逃学、吸食毒品，甚至在 14 岁的时候流产一次，她的妈妈把她赶出了家门。奥普拉以为自己会像一个混混一样度过余生，但她生命的转折点，就出现在 14 岁那年。

对她忍无可忍的母亲把她扫出家门，扔到父亲那里。继母命令她每周背诵 20 个单词，否则别想吃饭。父亲与继母一唱一和，二人的执着让人敬畏，尤其是父亲，他制定了教育大纲，以大纲为基础来统领、构建和引导温弗瑞的成长。读书、读书、再读书，温弗瑞完成了继母布置的任务后，还要继续满足父亲的要求——每周写读书报告。

"有些人让事情发生，有些人看着事情发生，有些人连发生了什么事情都不知道。"她的童年是在黑暗中长大的，却意义非凡，奥普拉永远记得父亲跟她说过的这句话。那时，她就开始反省自己到底属于这几种人中的哪一种，自己是不是也应该主动让事情改变。

于是，奥普拉改头换面，她参加了学校的戏剧俱乐部，并常常在朗诵比赛中获奖。在费城举行的有1万名会员参加的校园俱乐部演讲比赛中，她凭借一篇短小震撼的演讲拔得头筹，赢得1000美元的奖学金。1983年，坚持不懈的奥普拉终于遇上了自己的伯乐，慧眼识珠的"AM芝加哥"电视台老板顶着压力，史无前例地以23万美元年薪聘用了这位体重200磅的黑人女子当"脱口秀"主持人。奇迹出现了，30天后，奥普拉的访谈节目收视率直逼全台首位。

无论是曾子墨式的一路优秀，还是老徐式的"十项全能"，抑或是奥普拉式的崛起，都在告诉父母，只有知识才能改变女孩的命运。

女孩接触知识的机会要多

可能有的父母会说，我们也知道女孩应该有很多知识，但是我们家的孩子就是不爱读书，有什么办法？

其实，那只是父母的一面之词，很多女孩子还是爱读书的。学习是女孩天性中的一部分，但如果大人给孩子学习太大的压力的话，她们就会变得不爱学习。有时候，那些抱怨孩子不爱学习的父母，往往自己首先就是不爱读书学习的人。

"你怎么不能多看点书？"其实，这些孩子往往周围除了教科书没有什么书可以读。

在这里提醒女孩的父母们，如果你想要女孩变得爱知识，首先你要尊重有知识的人，比如你们的很有水平的邻居、女孩的老师等等；另外，父母最好是能够和女孩一起学习，让她们感受到学习的乐趣。

正如我们上文中提到的优秀的女孩子们的成长经历中展示的那样，要么你的女孩是一个品学兼优的学生，要么让她多才多艺，要么逼迫她改变自己，找到自己的价值。其实，每个人的成功方式都不一样，最重要的是你能找到最适合你家女孩的那一种。

充分利用身边资源教导女孩

很多在北京读完大学的人，工作后都会说："我真后悔当初没有多去几家博物馆、多逛几个展览馆，多听听歌剧，多看看电影，多参加比赛……总之，北京这里的资源都被自己浪费了！"

确实，我们身边有很多的资源可以利用，在教育上也是如此。有人说，我想给女孩很多书，但是家庭条件不允许。那么你可以带女孩去市里最好的图书馆，那里有最丰富的图书和完好的保存图书的系统；如果你想要培养女孩的音乐天赋而苦于没有很好的乐器和教师来教她，至少你可以让她多去听听学校的音乐会，去音乐学院的小路上走走。

如果我们把教育看成是在一个封闭的空间中传授之时，那当然会让很多父母在精力上和能力上捉襟见肘；但是如果你将教育看成是女孩的"社会化"，那么其实你的身边就有很多的教育资源可以利用。

有形的资源，是图书馆、博物馆这类的公共设施。其实很多人都明白大城市的好处，于是不惜一切代价要将后代留在大城市里面。但是很多人即使身在城市里，也不能很好地利用其身边的资源。如果你连二三线的城市里面的公共资源都从来没有想过去利用，那到了北京这样的大城市中，又如何有能力去调配城市资源为你的教育服务呢？

更重要的是，其实我们生活中还有更多比图书馆有价值、有能量的教育资源在被忽视。比如我们的成长环境、时代的背景等。也许这样说很多家长都不是很明白，那么我们来看看著名的记者法拉奇的故事。

法拉奇出生在"二战"中，当美国飞机轰炸她居住的佛罗伦萨时，她还是个孩子，蜷缩在一个煤箱里，恐惧得号啕大哭。一旁的父亲不但没有安慰她，反而给了她一记重重的耳光："女孩子是不哭的。"从那以后，法拉奇跟着父亲从事地下活动，学会了使用手榴弹，父亲的英勇形象，也成为让她骄傲和效仿的对象。

很多人说战争带给人心灵上的伤害是无法愈合的，同样，战争带给人的力量也是和平时代的人们难以理解的。亲眼目睹"二战"的法拉奇，一直无法摆脱法西斯的阴影，她厌恶德国，厌恶法西斯和一切形式的极权主义。"我不知道纳粹分子和德国人是两码事，所以我对德国产生了刻骨仇恨。"仇恨和反抗，是法拉奇从父亲那里学到的生存智慧，直到她成名之后，也承认："我永远忘不了那记耳光，对我来说，它就像一个吻。"这个吻擦干了小女孩的眼泪，带走了她的懦弱，让她像一个勇士一样勇往直前。

法拉奇从16岁开始做新闻写稿人，22岁时，已经是个小有名气的记者，她的新闻稿不是普通的流水账，而是具有鲜明的个人色彩，这让她得到了在更大的媒体工作的机会。但是，她从不认为自己只是个记者，"想想吉卜林、杰克·伦敦和海明威,他们是被新闻界借去的作家"。法拉奇一直想像海明威那样,做一个虽然从事新闻工作,但是不失自己的作家才华和声誉的撰稿人。

也许是为了保持自己的个性,法拉奇做事情总是充满激情,不太在意别人的评价和感受,只在乎自己的感想。她采访皇室成员的时候,记者们要求她召开记者招待会,第二天报纸的标题是《她让皇后等待》。诸如此类的事件多了,人们渐渐感受到了法拉奇的风格。

这种风格为她赢得了读者,但也让她失去工作,因为她坚持自己的风格。"首先得让我听听他会说什么,我将基于他的演说来写",可是编辑坚持要她写出讽刺性的文章。

"如果那样,我就不写。"两小时后,她收到解聘通知单,编辑对她说:"永远不要往吃饭的碗里吐口水。"

"我就要吐,然后给你吃。"

其实,法拉奇不是在往自己的饭碗吐口水,她不愿意弄脏自己的碗。她对自己的作品精益求精,在她的文学作品《印沙安拉》出版以后,法拉奇就不肯再谈论她早期的《好莱坞的七宗罪》和《无用的性别》。她觉得自己年轻时候的文章都不成熟,那些花俏"会损害严肃负责"的形象。这两本书她拒绝再版,还强烈反对选取她的文章出版作品集的行为,"我觉得这样做太可笑了"。

法拉奇从不向权务诏媚,越是想让她"冷静"的人,越容易引发她的报道热情。或许她一直不认为自己是在撰写新闻,而是在完成一部荒诞离奇的小说。

战争让法拉奇变得坚强,而把魔鬼一样的战争变成教育的阵地的，就是法拉奇的父亲。"你必须学会如何活下去，而不是流眼泪。"这样的话对年幼的法拉奇来说，就是一堂生动的生命课。

其实，我们生活中经历的任何一个困难，任何一次失败，任何一个新朋友，都是教育的绝佳机会。正如艺术家说的那样，生活中不是缺少美，而是缺少发现美的眼睛；生活中不是缺少教育资源，而是缺少发现教育资源的父母。

女孩富养有内涵

没有人会否认，具有高贵气质的女孩最受欢迎，因此，把女儿培养成一个高贵的公主几乎是所有父母的共同梦想。于是有人说了："公主生在什么环境里啊？那得是皇家。没有一个优越的家庭做后盾，天赋再好的孩子也只能眼巴巴地做灰姑娘吧。"

是这样吗？这似乎有一定的道理，古人常说："富贵多淑女。"女孩就要富着养，经济富足才能够不贪小利，见多识广才能够拥有超人睿智。富养女孩，才能使她形成一种安然自若的形象，举手投足间优雅不凡，一颦一笑显淑女风范。

但是，我们绝非在挫折教育大行其道的今天，举着这面"富养女孩"的古老旗帜大唱反调，做什么"古典美女"的回归教程。这里所说的"富养女孩"绝非简单意义上的"金钱培育千金""富贵诞生淑女"，而是在原有的"富养女孩"的基础上推陈出新，重新考量了社会对女孩的特殊要求，并根据女性自身的特性，重新定义了这种教育方法。

女孩生来就有一种娇弱的特质，就像是鲜花，在盛开之前，需要更多的精心呵护；女孩是温柔的代名词，是世界的调和剂，在金刚铁骨的世界里，如果女孩没有一个安定的生长环境，难以拥有柔和的心灵。社会需要女孩培养一种特殊的"亲密关系"，把所有的元素都糅合在一起，生成一个固定的整体，但是如果不被爱，女孩也就不会理解爱的内涵，也就难以完成这一历史性使命。

所有种种说明，女孩需要"富着养"。而这"富"，是富足，是丰裕，它不光是金钱上的培育，更是爱的呵护，是品质的精心培育。需要说明的是，"富养女孩"不是所谓的"娇生惯养"，"富家千金"没有任何教育上的意义，那只不过是金钱的人性版本。

对于女孩子来说，最重要的，莫过于一个健康平和的心态，一个温柔贤惠的性格，一种气定神闲的气质，一种睿智聪颖的形象。当女孩长大成人，父母最欣慰的莫过于她积极健康、乐观向上，同时又有主见，很明智。而这些，都需要父母的精心培育，需要"富着养"。

小萱已经长大成人，明天就要步入婚姻的殿堂，晚上，她依偎在父母的身边，满脸都是幸福。过去是幸福的，现在是幸福的，她相信，未来也是幸福的。因为她出生在一个温暖和谐的家庭里，相亲相爱的爸爸妈妈给了她富足的爱和和美的环境，这是女孩最需要的安慰，也是女孩幸福、安全感的源泉。

小萱出生前，爸爸妈妈早早就做好了准备。他们除了为女儿预备了足够的物品外，还做了精心的教育准备，他们买了很多关于家庭教育的书，他们要从这些书中找到教育好女儿的最佳方法。

在一本书上，小萱的父母看到这样一句话："孩子未来的成功与幸福取决于我们营造的环境，而不是所教授的技能。"这让他们更深地意识到了自己的责任，要给孩子一个安定富足的生活环境。

妈妈为女儿选择的房间是家中最好的向阳的屋子，空气新鲜，阳光充足。墙壁是最好看的一种调和色，因为这有利于孩子的眼睛适应。床是洁白的，床单和被子也是洁白的。她还给孩子准备了又软又轻的被子和毛毯，这样能够让她感到轻松而舒适。

爸爸还为小萱在墙壁上挂了几幅名画的复制品，甚至在桌上放了一些著名的雕塑工艺品。这些物品非常精美，是很好的艺术品，这使小萱从小就感受到了艺术的气息。

当然，爸爸妈妈做的并不光是在外表上装饰这个家庭，同时也用乐观和温馨来营造家庭的氛围，小萱出生后见到的就是一个美好的世界。

随着小萱慢慢长大，爸爸妈妈开始培养她的鉴赏能力，他们陪她读书，让她听名家的琴曲，虽说没有像古代的小姐那样，"琴棋书画"面面俱到，但是只要是对孩子性格修养有益的，爸爸妈妈就不惜一切。他们还带她和各种各样的优秀的人接触，使小萱从一开始就形成了一种积极向上的良好心态。

有教育家说："在人身这个小宇宙里，一切都是潜伏地存在着。你给他（她）光明，他（她）立刻就看见了。"为了女儿有一个光明的前途，他们首先给了女儿一个光明的生长环境。爸爸妈妈知道，教育的功能，只不过是挖掘孩子的潜能。

爸爸妈妈相信，小萱一定会变成美丽善良、心怀美好、充满灵性的女人，不管她将来是否有高学历，她的幸福一定和她看世界的心境有关，也和她小时候曾经受到的理性的宠爱有关。

事实证明，爸爸妈妈的做法是正确的。他们成功地承担（或者塑造）了自己的角色。

从这个事例中，我们就能明白这个所谓"富养"的内涵，那不光是一种优越的生活环境，还是一种温馨的生活氛围，对于女孩子的品行来说，性格的陶冶与培育比赠给她金钱和溺爱要好得多。

富养女孩的必要性

父母们要记住：所有孩子的优秀品行都不是从天上掉下来的，而是适应环境条件培养出来的。女孩子在出生之后，就要尽可能地为她营造一个富足舒适的成长环境，从小使她对生活充满无限的积极幻想，这样，她们在长大成人之后，才能更有品位地生活。

也就是说，给孩子一个"富裕"的教育环境，要让光明、温暖、坚信、乐观这些幸福的字眼占据女儿最初最柔弱而单纯的心灵，这些将变成女儿一生的信念。

一个女孩的命运就是她的未来，是她那指向生活目标的天性。而这些天性很多都是由女性的特质决定的。

经过医学验证，女孩比男孩更敏感。女婴对苦味比较敏感，并更喜欢甜味，相比之下，女孩有更多的味蕾，更容易受到气味的吸引。这也就是人们把女孩称作是"糖"做成的原因。

另外，女婴对噪声的反应比男婴更强烈，同一个声音在女孩听来要比男孩听到的响亮得多，"听"是女孩得天独厚的心智能力；在触觉方面，最不敏感的女孩也要比最敏感的男孩得分高，女婴对冷和潮湿更容易感到不舒服；女孩的嗅觉也比男孩敏感得多，特别是即将排卵前会增强；女孩的视觉记忆更好，在黑暗中女孩看得要比男孩清楚。

女性的大脑线路图可以接受和解释大量的感觉信息。每个女孩子都有潜能发展其精确调控的嗅觉、听觉、视觉、触觉、味觉等，她们能够捕捉到那些微妙的、不容易被人发觉的信息以及更为具体的细节，建立起自己的直觉系统。这或许就是女性都有理解他人的直觉的原因。

正像在生物学上创造一个新生命令人敬畏一样，孕育一个女婴也是非常令人敬畏的。母亲贡献 22 条染色体外加一条 X 染色体，而父亲也贡献 22 条染色体外加一条 X 染色体。然而，女性染色体基因蓝图的发展由女性激素激活，它主要包括雌性激素和孕激素。

直到 7 岁，对女孩的身体发育起作用的激素主要是由脑垂体分泌的生长素。到了大约 8 岁，当雌性激素的水平开始增加时，女孩的发育会发生戏剧性的变化，女性蓝图的发展由女性激素激活。

首先这暗示着正在发育中的女性身体开始显露出来。在女孩子身上起支配作用的激素，雌性激素和孕激素，有助于对蛋白质的吸收，减缓生长的速度，并增加体内的脂肪。随着青春期的到来，在胎儿发展期早已编码的女性基因和激素蓝图，在明显的身体变化中表现出来。当然，并不是所有的女孩的身体发育都符合科学的"标准"，许多人的月经周期会或早或晚地开始，这取决于她们各自的生命蓝图。

而"富着养"还是"穷着养"也部分地决定了孩子的女性生命蓝图。错综复杂的女性框架的生物倾向形成从一开始就影响女婴的个性特征和行为，但是如果外界环境破坏了孩子的生命密码，那么属于女孩自己的生命蓝图就会变质，产生与别的孩子不同的个性，据教育学家说：违背孩子的生命蓝图，对孩子总是一种伤害。

梨花嫁给了一个非常出名的艺匠，他们生活无忧。后来，梨花生了个女孩，取名小依，孩子聪明可爱，这让梨花很欣慰。孩子小的时候，她的丈夫因为喝酒误事，为别人做坏了一个雕刻，虽然保住了饭碗，却坏了名声。从此以后，他们的生活开始陷入了困境。

梨花拼尽全力去抚养女儿，她希望能给小依最好的教育，还送女儿去学习钢琴和舞蹈，小依非常喜欢跳舞，每次回来，都围着梨花跳一段舞蹈。每当此时，父亲总会出言讥讽，他说，女孩子学这些都是白花钱，没有任何意义。但因为梨花一直在争取，所以，也就勉强允许小依去上课。

可是，艺匠的牢骚越来越多，他的手艺越来越不受欢迎，生活每况愈下，他也就更多地沉浸在酒海之中，每当他在外面受委屈，梨花和小依就成了他的出气筒。后来，为了满足自己喝酒的欲望，他断了女儿的抚养费，让梨花和仅10岁的孩子自己出去赚钱。母亲心疼孩子，拼命在外面做苦工，企图让孩子重新回到她喜欢的舞蹈课堂。

小依却变得越来越忧郁，她不愿意看到母亲受苦，自己也去帮亲戚做活，赚点生活费。她受尽了亲戚的欺凌和侮辱，再加上实在看不惯父亲的做派，小依希望自己能变成一个男孩子，早日承担起家庭的重担。

后来，小依喜欢上了打架，为了自己的尊严，她选择了使用拳头。就在父亲又一次酒后牢骚时，压抑了许久的她拍着桌子大骂起父亲来，她的这一举动让她的父母目瞪口呆。

很难想象，一个喜欢舞蹈的女孩子最后喜欢上了打架。小依的生命蓝图已经脱离了原来的轨道，她没有了一个女性应有的温柔与体贴，而是选择了粗暴的拳头式生活。她的父亲显然要对这一结果负全部的责任。

首先，他没有肯定女孩子的美感。在小依最喜欢的舞蹈上，他出言讥讽，让孩子对美产生一种错误的恐惧心理。

其次，作为一个男人，小依的父亲并没有完全承担起一个家庭的重担，这使得小依对于性别的社会作用产生了错误理解，在她的潜意识里，女性应该是顶天立地的英雄，能够仗剑天涯，以免受人欺凌。

女孩的基因模板已经造就，父母的教育是在女孩的模板上制定壮观的生命蓝图，如果在这个程序上出现了偏差，那么，孩子的生命蓝图就会偏离原来的航向，最后到达什么地带，谁也无法把握。

给女孩创造一个适合她成长的环境

从女孩到女人，一个人的心灵发展必然经历过无数的尝试，跨过无数的障碍。这一过程被叫作"从天堂到地狱"，父母们必须能跟随女儿下降到"地狱"痛苦和磨难的境遇，然后再帮助女儿把她缺少的东西一点点补全。

只有如此，女孩才能够在最后如苏美尔传说中的女王伊娜娜那样："她失去的所有东西都回到了她的身上，而且比从前更强大、更有力量。她出现在阳光之中，恢复了她不怕死的威力，并被誉为通过黑暗时期的向导。"

每一个父母都希望自己的女儿是当仁不让的小公主，可是，并不是每一个女孩都能够长在富贵的宫廷之中。那么，没有尊贵的身份，没有富裕的家产，如何将自己的女儿塑造成一个小公主？

所谓"公主"，只是一种代称，她并不一定代表身份地位，但一定具有某种特性，而这种特性，是一种气质，是尊贵，是雅致，是灵性，是卓尔不群。要塑造这样的形象，主要的功夫还在父母身上。

美国著名心理学家特尔曼对来自全球的301位成功女性进行了调查研究。他发现，这些人在青少年时代，大都具有镇定自若、尊贵大气、坚强自主、勇往直前、乐观向上的性格特征。而这些性格特征的形成，与父母为孩子们营造的环境息息相关。

从婴儿时期开始，一个女孩的成长过程就像编织一幅既大又复杂的挂毯，她自己处于中心，而独立和自主并不是女孩心理发展的中心。

对于女孩来说，她们生来就是靠"关系"来编织和理解这个世界的。女性激素的周期是如此灵敏，它们对女孩的个性、情感、道德、精神和身体发育都有非常重要的作用。它们使女孩不像男孩那样富有攻击性、冒险性和控制欲，乐于变化、投机、尝试和诉诸行动，而是更具预测力、稳定性、安全感、谨慎细心、稳定从容——它们使女孩把友谊和家庭看得比成就和机会更重要。

女性人格看来是在关系和联络中得到自我确定，那里包含着越来越复杂的相互影响。女孩不是去学习拥有单独的自我感觉，而是设法去随着与他人的关系网的扩大，在不断复杂的关系中发展自我，这就是与早期用以解释男孩人格发展的模型的不同之处。

也就是说，在女孩编织网络的过程中，父母对她是起一种促进作用还是阻碍作用，决定了女孩的性格与最终的气质。与现在的"早期诱发理论"相同的是，这种作用在孩子很小的时候，甚至尚未出生的时候，就已经在发生作用了。

弗洛伊德和随后的其他心理学家认为，心理发展是一个人从母腹到逐渐脱离成为一个独特自主个体的稳步发展过程，最后，这个自主的个体不再依赖关系的交互作用。

据研究，孕妇自妊娠 6 个月起，胎儿就不断"凝神倾听"。当胎儿听到音乐时，胎儿心音会变快；听到汽车的喇叭时，会出现频繁胎动。用光照射孕妇的腹部，胎儿会有眼球活动。胎儿对母体及母亲的声音具有依赖性与敏感性，直接影响到胎儿的声音系统的形成。

因此，作为父母，要在怀孕期间就把握好与胎儿的沟通。爸爸妈妈充满爱意的声音对胎儿具有一种神奇的安抚作用，有利于胎儿的发育。特别是女儿，她能够从爸爸妈妈的声音中找到自己的关系网的基础。

我们可以给胎儿朗读一些笔调清新优美的散文、诗歌，也可以和胎儿聊天。说话的语调要轻柔，充满感情。和胎儿搭话是十分重要的，可以使宝宝有一种安全感，这样对加强母与子、父与子之间的感情关系极为有益。比如，妈妈可以在每天早晚同胎儿打招呼："你早，小宝宝。""晚安，我的宝贝。"爸爸下班回来后可以说："乖乖，爸爸回来了。"这样，就为女儿一生中编织精致关系网做好了铺垫。

女权心理学家简·贝克·米勒博士和韦尔兹利学院斯通中心的研究者们认为，从女孩诞生的那一刻起，她就开始发展注意力和关心发生在她和其他人之间的事情。在婴儿早期，她就开始了自己关系网的编织工作，而这个时期，她会被母亲、父亲或其他重要的看护人的情感所影响——通过自身对别人的反应的影响来塑造这种相互作用。

但是，标准的心理学理论把妇女描绘成不如男人分化和独立，因此在发展方面当然处于劣势。这种"发展缺陷"的假设又很容易直接与当今妇女中的许多易怒、自尊性差、力不从心和性别混乱等情况相联系。

"我们每个人必须成为独立和自主的"，这种观点只是一种臆断，它暗示着我们必须学会自己做决策，创造一个远离他人的生活，完全摆脱掉与周围环境之间的关系。这就是所谓的心理发展的"孤独的徘徊者"模型。但是，这种人类成长的标准给女孩子们的未来描绘了一幅惨淡的景象，违背了女性心理发展的自然规律。因为在现实中，女孩子们是发展在人际关系之中的。正因这一点，对待女孩子，父母们永远不能用冷淡的态度，不要像男孩子那样，让她孤立、无助，这会破坏女孩子编织关系网的进程。

女孩子不适合成为英雄，但是却可以成为圣母。富着养女儿，首先就要针对这一特性，尽做父母的所能，帮助她编织好这个关系网。

女儿们出生时是什么样，成人后又是个什么样的人，这取决于4种强大的力量——生物的、心理的、文化的和女性心灵深处的力量。生物力量方面我们没有太多能做的，显然，那些影响因素是在出生前就随着基因代码而确定了。我们说，心理能否健康发展，取决于在日益复杂的人际关系中有无健康的自我意识。另外，我们大概也知道一些，父母的态度和环境如何把女孩子心里微小的、多变的火花压抑或释放到她整个的女性生涯中去。

蓝蓝是一个优秀的女孩子，她身边的每一个人都很喜欢她。在她结婚前的最后一天，妈妈送给了她一件礼物——她的成长日记。蓝蓝翻开日记的一页，只看了几段，就已经泪流满面。妈妈这样写道：

"我可爱的小公主，你咿咿呀呀地在和我说话，我真的很幸福，我的小女儿已经和我在沟通了。我一边低声细语地回答着你的话，一边给你换尿布。你躺在那里，挥舞着手脚，明亮的眼睛闪烁着机灵的光芒，你在对着我笑，我可爱的宝贝。"

"我沉浸在你声音的每一个细微变化之中。每一个音调，都是你的一个心思。我在笑，你也在笑。可爱的你，还从胖乎乎的嘴唇中吹出小泡泡以示回报。天下没有比我们母女更幸福的了。"

"这时候，爸爸回来了，他一边轻柔地喊着你的名字，一边走了过来，当看到你嘴唇上的泡泡，他大笑着说：'看你多能干！'你格格地笑着，用有力蹬踢的双腿表示你对爸爸的欢迎。

虽然你只有三个月零三天，但是，你已经和我们非常熟识了。"

"可是，你对祖父母和外祖父母的欢迎方式却和你对父母的欢迎方式完全不同，当祖母抱你时，你会送给她微笑；当外祖母抱你时，你会趴在她的怀里；当祖父抱你时，你却把小腿蹬在他的身上，企图跳跃起来；当外祖父抱你时，你又挥起了你的小拳头，要证明你是多么有力量。"

蓝蓝搂住妈妈的脖子，轻轻地说："妈妈，谢谢你，谢谢爸爸。让我如此幸福。"

蓝蓝是幸福的，因为她有深深爱着她的爸爸妈妈，他们使她在一个非常丰满的关系网中成长，同时让她还有足够的能力使自己的关系网更加圆润和丰富。

对于女儿来说，父母是她一生中最安全的依靠，是她最钟爱的人，是她的行为的指南和性格的导航者。

要想把孩子塑造成小公主，每一对父母，都要掌握孩子的成长规律，赋予她浓浓的爱，让她在甜蜜的关系中找到自己、发现自己、成全自己。

"千金"是怎么回事

对于女孩来说，有很多甜蜜的称呼，除了"小公主"之外，"千金"是一个不可或缺的代名词。这里之所以要提到"千金"这个词语，是因为它和我们本书提倡的主题"富养"有着不可割裂的关系。

用"千金"来比喻女子，最早的文字记载见于元曲作家张国宾所写的杂剧《薛仁贵荣归故里》："你乃是官宦人家的千金小姐，请自稳便。"古时把富贵人家的女孩称为"侯门千金"，明、清以后的话本小说中称女孩为"千金"的就更多了。

"千金"的名字由何而来？这得从我国的古代货币单位说起。两千年前的秦朝以一镒为一金（"镒"是古代重量单位，一镒为二十两或二十四两），汉朝以一斤金子为一金。后人借"千金"以言贵重，女孩之所以被称为"千金"，这里还有一个传奇。

公元前522年，伍子胥父兄被楚平王杀害。伍子胥逃离楚国，投奔吴国。伤痕在身，追兵在后，前途渺茫，伍子胥饥困交加、垂头丧气。这时候，他看见一位浣纱姑娘竹筐里有饭，于是上前求乞。姑娘顿生恻隐之心，慨然相赠。

饱餐之后的伍子胥有了精神，可是他害怕姑娘泄露了自己的行踪，就要求对方为他保密。姑娘为伍子胥不相信自己的人品而十分气愤。她随即抱起一石，投水而死。伍子胥见状，伤感不已。他咬破手指，在石上写血书："尔浣纱，我行乞；我腹饱，尔身溺。十年之后，千金报德！"

伍子胥逃出楚国后，在吴国当了国相，不久，吴王调遣劲旅攻入楚国。公元前506年，伍子胥"掘楚平王墓，其尸鞭之三百"。报了大仇之后，伍子胥又想到要报恩，但苦于不知姑娘家地址，于是就把千金投入她当时跳水的地方。

这就是千金小姐的由来。虽然是一个令人伤感的故事，但是女儿身的尊贵和荣耀也因"千金"而彰显出来。

我们暂且不去追究这个故事的确凿性，但看这个故事本身，把女孩子称为"千金"，是人们对于女孩子品质的赞誉，也是对于女孩子成长的期望。

著名作家塞缪尔·斯迈尔斯在《品格的力量》一书中写道：

"女性的素养决定了一个民族的素养。"

如果说男人是人类的头脑，那么女人就是人类的心灵；如果说男人是人类的理性，那么，女人就是人类的感性；如果说男人是力量的象征，女人就是文雅、华美和快乐的象征；如果说男人能充实人的头脑，那么女人就能占有人的心灵；男人只能使我们相信东西，女人却能使我们去热爱。

因此，用"千金"来形容女儿当之无愧。可以说培养女儿，意义重大，那不但是一个家庭朴实的爱，还涉及整个民族的振兴，有学者甚至喊出：女人的教育问题就应该当作事关民族前途的问题。

女孩是天赐的，她就应该是尊贵和荣耀的代言，因此，我们有足够的理由富养女孩，让她富得高雅、富得妩媚、富得有魅力、富得有内在、富得秀外慧中、富得未语先香。

孟雪莹曾是一些媒体关注的焦点，她被人们亲切称为"剑桥女孩"，她的成才之途就昭示了这一点。

1978 年初冬的一个晨曦，随着响亮的啼哭声，小雪莹来到了这个世界。父母捧着这个娇贵的小公主，欣喜不已。父亲亲切地拍着女儿，说道："欢迎我们的千金。"为了小雪莹能够出类拔萃，父母已经做好了一切准备，包括物质上的和精神上的。

小雪莹从来没有感觉到片刻的不安，在她成长的每一步，都能够发现爸爸妈妈为她做的精心的准备，她不光衣食无忧，而且享受着富足的爱，爸爸妈妈早已经打定主意：凡是对她成长有利的，父母总要尽量满足她。

很快，就到了上幼儿园的年龄，但她的父母并没有就此把教育的任务全部推给学校，培养孩子的个性和创造性成了他们对幼儿园教育的重要补充。父母把家中来客、外出旅游、吃饭穿衣等方面都看作是培养小雪莹胆识、礼貌、开发智力和潜力的良好机会。他们要让她在安定富裕的氛围中，形成一个优良的性格。

在幼儿园结业时，小雪莹能背 13 首唐诗，会唱 24 首儿歌，一般的加减法她都会做，一千以内的乘法基本上不会错。

在小雪莹上小学三年级的时候，爸爸妈妈发现了她在数学方面的天赋。为了开发孩子的潜能，他们为小雪莹报了一个特长班，对于别人很枯燥的东西，对于她来说却很有趣。她在那里学习了两个月，做了大量的奥赛习题。大脑被初始开发后，惊人的能量源源而出。随着奥数竞赛习题的深入，小雪莹各门功课成绩突飞猛进。

父母并没有因此而懈怠，他们希望能在小雪莹很小的时候，就给她最充足的养料，让她在成长的过程中，不至于出现"营养不良"的现象。在雪莹 13 岁生日的那天，父亲将一本名为《培养记忆法》的书送给了女儿作为生日礼物，并耐心地指导雪莹进行学习，使雪莹养成了良好的记忆习惯。

进入中学后，小雪莹显得很茫然，用她自己的话讲：一开始很不适应中学的气氛。爸爸妈妈知道症结所在，他们断然做出决定：应该让小雪莹开始新阶段的思考与兴趣。

他们帮她开阔眼界，带她阅读、旅游、交际和进行更深广的知识学习。在这个阶段，小雪莹不但喜欢上了张爱玲，也爱上了爱因斯坦，她也学会了同学之间的友爱互助，学会了体谅尊重，在战胜了狭隘的同时，实现了自我的超越，心中增添了几分坦然与无畏。

小雪莹不但聪明好学，而且活泼开朗。到了高中后，她被推选为学校学生会文娱部长，爸爸妈妈对此表示了积极的支持，并鼓励她尽量把这个部长做好。当然，小雪莹心中有数：不能因工作而使学习受到干扰，她感谢父母的支持，同时表示自己会把握好这个"度"的。

做文娱部长，使雪莹的视野更加开阔。通过几次大型活动的组织，她认识了很多人，也懂得了与人相处的道理，对父母和老师工作的艰辛也更加了解了。最难能可贵的是：小雪莹的学习成绩稳步提高，并最终在高考中顺利考取了北京大学。

在大学二年级时，雪莹就参加了托福和GRE的考试，到了大学三年级，她的托福考了635分，GRE考了2280分；大学四年级期中后，申请国外大学的表格已经她的手中，圣诞节的前一天，雪莹收到了剑桥大学的录取通知书。

谁不希望自己的女儿出类拔萃，谁不期盼自己的女儿超凡脱俗？但是女孩是敏感的，女孩是娇弱的，没有父母精心的培育，没有家长的支持，孩子很难走出成功的轨迹，很难走向登峰造极。"富养女孩"，就是要找到对孩子成长有利的需求点，尽量地满足她。

"富养女孩"的正确方法

很多家长都对"富养女孩"有这样的误解，认为只要给她钱就可以了，这大错特错，这样的做法只能使女儿的虚荣心逐渐膨胀，她即使拥有高贵的气质，也是徒有其表而已，一旦涉及实质性的问题，这样的孩子最终还是会败下阵来。因此，"钱"绝不是"富养"的唯一内容。对于父母的教育来说，"富养"富在家庭环境上。

家庭环境主要是指物质环境和精神环境。无论是物质环境，还是精神环境，对孩子行为习惯都有很大影响。对于成长中的孩子来说，良好的物质环境可以约束孩子的行为，良好的精神环境可以熏陶孩子的性格。

当然，我们这里说的物质环境并不是要求家里的陈设多么豪华，而是说在现有条件下要使居室整洁、卫生，井井有条，这对孩子养成良好习惯是有好处的。

精神环境、心理环境也叫氛围，它对形成孩子良好的习惯作用就更大了。众所周知，一个后进生进入一个优秀班集体，受到良好班风的熏陶，有可能很快地改掉身上的毛病。同样，一个优良的家庭氛围，使孩子能够形成优良的品格。

洋娃娃和漂亮的衣服，并不能让女孩子清楚地认识到自己是公主，是天使，真正使她们认识到这一点的，是她童年初期和父亲母亲之间的有益关系，以及整个家庭的温馨和谐氛围。正是这些，使她渴望长大后成为一个高贵的平和的公主级的女孩。

总而言之，"富养女孩"关键不在"钱"上，也就是说，"富"并不单单代表金钱的充裕、物质生活的绝对满足，它还意味着父母要赋予女孩子自信、自强等强大的意志力量；父母要不断开阔女孩子的眼界，丰富她的知识内涵；父母要赋予女孩子理性思考的能力、判断的能力，让她的眼光更高远……而这些，任何父母都可以做得到，只要能够想到。

第四章

让孩子独立地生活

父母从小为孩子提供独立生活的机会，有利于他们长大后幸福地生活。当然，在给他们提供机会的同时，还要告诉他们，自己的事情自己做，要有自己的想法等，这些都是孩子独立生活的基础。

要让孩子学会独立地去思考，遇到事情有自己的见解，不依附不从众，形成自己独特的行事风格，做一个有主见的人。自己安排好自己的事情，不需要借助父母来一步步细细安排每件事。

"懒"父母有好处

世界上能登上金字塔顶的生物只有两种：一种是鹰，一种是蜗牛。不管是天资奇佳的鹰，还是资质平庸的蜗牛，能登上塔尖，极目四望，俯视万里，都离不开两个字——勤奋。

而我们现在的孩子，身上最缺乏的也许就是勤奋。平常在家里，孩子什么都懒得干，往往这样：

"要吃饭了，来帮妈妈摆好碗筷。"

"哎呀，我还要看动画片呢，妈妈你自己干吧。"

"今天咱们家庭大扫除，你扫地还是擦桌子？"

"可是我还要看书呢。"

每当你想叫男孩做事的时候，他总是能找出成堆的理由拒绝你。有的父母心疼孩子，认为现在的孩子都这样，就由着孩子的性子来，什么家务都不让他们做，久而久之，男孩就养成了懒惰的习惯。哪一位家长不希望自己的孩子以后有出息，能够成就一番事业呢？而懒惰正好是成功的克星。要知道天下没有免费的午餐，要想收获美好的果实，就必须用自己辛勤的劳动来换取。

曾经有心理学家研究表明，从小勤劳爱动手的孩子大脑发育要比同龄的孩子健全一些，因为在人的大脑中，一些富有创造性的区域只有在劳动中才能够被开发出来。一定量的劳动不但可以给孩子带来一个强健的身体，还可以锻炼孩子的意志，让孩子养成吃苦耐劳的精神。而且从小喜爱劳动的孩子，长大后一般都很能干，生活也很美满充实。所以，孩子的勤劳特性并不是可有可无的，父母应该从小就注意对孩子进行培养。而很多取得成就的名人，他们的成绩的取得与父母小时候对他们的勤奋教育是分不开的。如获得诺贝尔奖的生理学家巴甫洛夫，他的父亲从小就对他进行严格的训练。

"可是爸爸，我不会呀。"小巴甫洛夫说。

"没关系，不会爸爸教你。"

于是，巴甫洛夫抬着小铲子跟着爸爸种了一天的菜。过了不久，当他们种下去的菜都长出了鲜嫩的叶子，父亲又带着巴甫洛夫来给菜浇水除草。

后来，父亲又教巴甫洛夫学做木工活。爸爸买来了凿子、锯子，先给儿子做了个精美的小板凳，然后告诉儿子板凳是怎么做出来的，小巴甫洛夫便跟着爸爸认真地学了起来。没多久，小巴甫洛夫就可以自己做简单的家具了。

除了亲手教巴甫洛夫学习种菜、做木工活外，父亲还教他养花、除草、给树木嫁接。巴甫洛夫在父亲言传身教的影响下，从小养成了不怕苦、不怕累、坚持自己动手把活干完的良予习惯。这种从童年培养起来的勤劳和耐性，成为巴甫洛夫在科学事业上取得巨大成功的重要因素。

教育真经：家有男孩，父母"懒"是可以的

1. 给男孩一双勤劳的手

作为父母，如果想教育男孩从小养成勤劳的好习惯，可以注意以下几个方面：

（1）教导男孩有一种积极的劳动态度

俗话说态度决定一切，要孩子养成良好的动手习惯，就先从改变他们对劳动的态度开始吧。你可以选择对孩子进行言传身教，多给他讲一些勤劳的故事，比如在勤奋中长大的商人李嘉诚，给孩子营造一种勤劳的家庭氛围，让他从意识上觉得劳动最光荣。只要养成孩子热爱劳动的习惯，燃起他们认真劳动的热情，就能使孩子养成勤劳的习惯。

（2）放手让男孩去做

孩子小的时候就让他自己吃饭，自己学着穿衣服。等孩子长大点后，家长做家务的时候给孩子分配一点儿任务，比如你拖地板就让孩子来扫地，你做饭就让孩子给你择择菜，平常也多叫孩子帮你的忙，打酱油、拿报纸、去超市买东西、晾衣服等都可以让孩子去做。习惯成自然，当孩子把勤奋当成一种习惯后，不知不觉就会把它融入到自己的生活中去了。

（3）不要无条件地给予

不要孩子要什么就给予什么，当孩子想获得一样东西的时候，可以让他拿自己的劳动来换，比如想要多一点的零花钱，可以让他洗一个星期的碗，自己挣；想额外买一套明星的签名照，就要坚持扫一个月的地，让孩子学会珍惜大人的劳动成果，也让他知道劳动的可贵：美好的生活要靠勤劳获取，只有脚踏实地，靠自己的双手辛勤劳动，才能够让自己过上高质量的生活。

2. 培养男孩的实干精神

相信每个男孩都有自己的理想，但是如果空有理想不付诸于实践,恐怕就成了"空想",最终只能成为心中的一个梦。所以，父母如果想要自己的男孩将来有出息，一定要在他们小的时候培养他们的实干精神。

父母在教育孩子要有实干精神的时候，应该注意以下几点：

（1）从父母的做法开始

有时候男孩想做一件事情，父母会因为害怕孩子做不好或是伤害到自己而不让他们去做，这实际上就让孩子养成了一种惰性，以后就算有了什么好的想法也会耽于懒惰了。父母也要以身作则，给孩子树立良好的榜样，营造一种积极的氛围。

（2）父母要适当督促男孩

男孩有时候树立了理想，却又不知道从哪里下手，父母可以督促他把自己的理想写下来，每天实现一点，然后持之以恒坚持下去。

（3）想到就去做，培养男孩雷厉风行的性格

让男孩想到什么就马上去做。比如孩子起床的闹钟响了，就让孩子马上起来，不要磨蹭；吃饭的时间到了，孩子还在看电视，就让他马上把电视关了去吃饭，千万不能孩子说"我等

一会儿再来吃"，就随他的便。

（4）给男孩一些适当的训练

父母可以交代男孩去做一件事情，到了规定的时间就去检查孩子的完成情况，让孩子养成一种迅速完成任务的好习惯。

（5）男孩明白只说不干的坏处

治标先治本，想要杜绝男孩空想的习惯，就要告诉他这样做的坏处。或者给他一次教训。你可以当他赖床不准时起来的时候，只叫他一次。如果迟到了，下次他听到闹铃就会马上起来了。

自己的事情自己做

现在大部分家庭都是只有一个孩子，爸爸妈妈、爷爷奶奶、姥姥姥爷都把孩子当成自己的宝，真是含在嘴里怕化了、捧在手里怕摔了。于是可能经常出现这样的场面：

"宝宝张嘴，来奶奶喂你吃饭。"

"哦，宝宝乖，妈妈给你洗脸。"

"哎呀，你自己怎么洗得干净衣服呢？让妈妈来。"

儿童心理学家告诉我们，孩子逐渐长大，其自主意识会随之增长。两三岁的孩子，在大人帮他穿鞋时，他会说"我自己穿"；喂他吃饭时，他会说"我自己吃"；帮他搬小凳子时，他会说"我自己来"。这种时候，家长不可随意打击他们跃跃欲试的兴致，剥夺他们提高学习生活能力的机会，而是应当帮助他们在学会独立生活的同时，增强他们自我打理生活的意识。因为生活质量的好坏全凭自己打理，你最多只能送他沧桑的智慧。

具体说来，父母可以从以下几个方面来做：

①告诉男孩：自己的事情自己做

让男孩学会自己动手，不要取代他们自己动手的能力。孩子初次做事也许做不好，如他洗的衣服不太干净，你可以背着他再洗一遍，但不能说"你洗不干净，让我来帮你"，让他失去做事的积极性。在最初的日子里，孩子需要指导和帮助。告诉他怎样做好这些事，但千万不要一见孩子做不好，就自己代替他去完成，你不可能跟随孩子一辈子。在这方面家长应该向清代画家郑板桥学习。郑板桥老年得子，却并不溺爱，而是力促他自立，要求他："淌自己的汗，吃自己的饭，自己的事自己干。靠天靠人靠祖宗，不算是好汉。"

②让男孩学会自我保护

随着男孩年龄的增长，要教给孩子一些基本的生活经验和智慧，并让他自己在生活中获得成长。比如，教会孩子学会自我保护，为防止上当受骗，从小告诉他们不要贪小便宜，不要接受陌生人给的东西，不要跟陌生人走。让孩子懂得遇事不可慌张，不要冲动，要冷静，要理智；有困难可以找警察叔叔，并让孩子牢牢记住"110""119"等急救号码。

③让男孩学会独立思考

多给男孩自己思考的机会，没有什么事情比拥有自己的思想更有用，就像伟大的物理学家爱因斯坦说的："学会独立思考和独立判断比获得知识更重要。"多培养孩子自己思考问题的习惯，爱动脑筋有百利而无一害。你可以让孩子自己思考将来想成为什么样的人，以及应该怎样去实现自己的目标。

④让男孩自己安排时间

培养男孩珍惜时间、科学安排时间、充分利用时间的好习惯，就要先给男孩自己安排时间的机会。可以让他自己制作时间表，合理安排，一项项实行，而你可以充当监督员。

⑤让男孩学会自我管理

不要对男孩的事情样样过问，要引导鼓励他们自己规划管理自己的事情，比如今天穿什么样的衣服，自己的课外书应该放在什么地方，星期天的时间怎么安排，什么时候应该把作业给父母检查等。告诉孩子不要什么事情都依赖大人。摆脱一分依赖，男孩就多了一分自主，也就向自由的生活前进了一步，向成功的目标迈近了一步。

告诉男孩自己的事情自己做

真正疼爱男孩的父母关注的应该是男孩将来是否能够应对社会。如果父母懂得让自主的灵魂贯彻于男孩的成长过程，那你的男孩将来一定能够独立地应对来自社会的挑战。

南宋著名诗人陆游曾在《冬夜读书示子》中对他的儿子进行劝勉：

古人学问无遗力，少壮功夫老始成。

纸上得来终觉浅，绝知此事要躬行。

现在有很多男孩在家中的实际情况就是饭来张口、衣来伸手，甚至连扫地、擦桌子等简单的家务活都不会做，样样事情都要大人一手包办好，男孩很自然地也就养成了什么事情都依赖爸爸妈妈的习惯。于是，我们会在街上看到男孩的鞋带散了，站在路边"哇哇"大哭叫妈妈，不知道自己弯腰系紧的现象。还有一些男孩在成年之后，虽然考入了大学，还是不会独立生活，不能自理自立。

现在男孩的依赖习惯似乎已经成为一个越来越严重的社会问题。父母一味地放纵男孩，殊不知，依赖会使他失去独立思考的能力和学习的勇气，因为他总是需要借助别人的扶助来获得自己的利益，久而久之，必然会养成一种坐享其成的不良习惯。可是，男孩终究有一天是要长大的，在他长大之后，又能以什么样的姿态来迎接社会的检验和挑战呢？过于依赖他人的男孩势必会产生一种脆弱，因为他们习惯了按照别人的指示行动，所以难以形成较强的独立应变能力。培养男孩的自主能力，让男孩懂得很多事情必须倚靠自己，对父母来讲，是最不容忽视的教育。习惯了帮助男孩做一切的父母，可以先从以下的几个方面人手，慢慢地把男孩自己分内该做好的事"还给他"：

1. 男孩能够做的事决不包办，培养男孩生活自理的能力

男孩还小的时候，就可以教会男孩自己吃饭、穿衣服、洗脸。稍大一点以后，可以教孩子自己去上学、自己去买东西，刚开始也许他做不好，但是只有给他练习的机会，他才有会的可能。

2. 男孩不会做的事学着去做，帮助男孩养成为家服务的习惯

不要因为男孩不会就代替他们去干，可以教孩子做一些力所能及的家务。

3. 男孩碰到困难时不急于帮忙，试着让他独立解决问题

碰到困难是好事，这是锻炼他们自己解决问题的好时机。让男孩自己去想解决的方法，适当受点委屈并没有什么不好，要知道你不可能跟孩子一辈子。

鼓励男孩说出自己的看法

"教了多少遍了，还是不会，真笨！"

"过来，这是李阿姨，快向阿姨问好。"妈妈跟儿子说，儿子一直怯生生地扯着母亲衣角，躲在母亲背后不肯出来。

"为什么别人都能回答出来问题，你连话都不敢说？你说是怎么回事？"爸爸质问的声音极大，儿子泪涌了出来。家长无奈。生活中，类似的情况有很多。有的男孩面对老师、面对爱慕的人不敢说出自己的想法；上台演讲前、面试时、比赛前、照相时等，常常感觉紧张、脸红、心跳、发抖；学习或工作中总是惴惴不安，神经绷得如一张满弓，唯恐出了差错……

上中学的小宇以前是个性格很活泼的人，现在见人就怕。面对熟悉的人从对面走过来，内心不知道应不应该和对方打招呼，紧张的情绪就会产生。他发现嚼口香糖可以缓解说话紧张，所以现在一天到晚都要嚼口香糖。晚上失眠越来越严重。每天觉得自己很难看，声音很难听，所以很少和人交流，看到有人很流利地谈话就嫉妒。每天要照镜子很多次。不敢笑，也不敢大声说话。学习注意力不能集中，不能回答老师的问题，人际关系非常紧张。

具体来讲，不敢在别人面前大胆说话的原因主要有两种：

（1）不想露丑

有时男孩的想法是，只要我不在他人面前暴露自己的短处，别人也就不会知道我的缺点。而一旦在众人面前说话，自己的粗浅根底、拙劣看法都会暴露出来。那么，从此以后，哪儿还有自己的立足之地？所以，不说话更稳妥。

（2）不知道该如何组织说话的内容

就像被硬拉到一个陌生的世界一样，所以会感到惊惶。有的男孩是由于先天原因。他们生来性格内向，气质属于黏液质、抑郁质类型，说话低声细语，见到生人就脸红，甚至常怀有一种胆怯的心理，举手投足、寻路问津也思前想后。

当然，导致男孩不敢大声说出自己想说的话，更多的原因是家长没有及时地培养。有些家长对男孩的胆小不加引导，男孩见到生人或到了陌生的地方，便习惯性地害羞、躲避，没有自信心。当他进入青春期后，自我意识逐渐加强，敏感于别人对自己的评价，希望自己有一个"光辉形象"留在别人的心目中，为此，他们对自己的一言一行非常重视，唯恐有差错。这种心理状态导致了他们在交往中生怕被人耻笑，因此表现得不自然、心跳、腼腆。久而久之，便羞于与人接触，羞于在公开场合讲话。对此，应给予正确指导，鼓励男孩大胆、真实、自然地表现自己。

恐惧或忧虑会阻碍男孩们说话的尝试。有时保持安静较容易，退缩在"壳"里可以掩饰自己的软弱。

"我总是不敢在人面前讲话、发言，那会使我心跳加快，脑中一片空白……"有的男孩曾坦然地承认自己说话的胆怯，而且对此颇为苦恼。

心理学家们通过研究发现：人或多或少在说话方面有些不健康的心理，而紧张和恐惧便是这些不健康心理的突出表现形式，是影响人们进行正常说话和语言交流的明显障碍。

可以毫不夸张地说，人人都可能在说话前后或说话过程中出现紧张、恐惧心理。性格内向、沉默寡言者如此；天性活泼、思想活跃者如此；即便演说专家、能言善辩者也不例外。而恐惧是后天的反应。两岁大的男孩在过马路时不会懂得害怕，直到有人猛地把他拽回来，警告他过马路有多么危险。同样，当我们第一次看见同学站起来背诵诗歌，发现他突然哽住了，变得慌张窘迫，以致全班发出阵阵的窃笑时，我们懂得了当众讲话时害怕。既然紧张害怕是后天学会的，那么它也是可以被忘却的，或者至少是可以被控制的。

家庭是练习说话的第一个场所。当男孩在家里的时候，我们可以鼓励男孩给自己讲一个寓言故事。如果男孩不能讲清楚，就让男孩去找一本儿童文学看看，再来训练。这样男孩便会渐渐了解语言，懂得如何并敢于与人们交谈了。另外，鼓励男孩平时就一些小问题与人交流。鼓励广结良友，与朋友频繁往来，是练习口才的又一途径。无疑，我们每个人都多少会有一些朋友，这些朋友可能来自不同的地方，处于不同的年龄，属于不同的阶层，从事不同的工作，因而与他们相处时会遇到各种不同的问题。男孩拥有的朋友、了解的谈话内容，都会渐渐地增多起来，他说话的胆量也会渐渐大起来。

让男孩有自己的想法

"皮格马利翁效应"又被称为罗森塔尔效应。它的中心意思是：我们的热切期望，会使被我们期望的人达到我们的要求。心理学研究发现，在教育实践中，罗森塔尔效应对男孩的成长有巨大的影响。信任在人的精神生活中是必不可少的，它代表一种对人格的积极肯定与评价。每个人都有被别人信任的需要，而当这种需要得到满足的时候，人们就会感到鼓舞和振奋，做出最好的表现。

人们通常这样说明罗森塔尔效应："说你行，你就行；说你不行，你就不行。"要想使一个人发展更好，就应该给他传递积极的期望。积极的期望促使人们向好的方向发展，消极的期望则使人向坏的方向发展。

称赞就像是养料。它会使男孩得到很大的鼓励，使他们雄心勃勃，信心十足更进一步。父母的表扬比其他人给男孩的表扬作用更大，儿童心理学家经过实验发现：男孩们总是在无意识中按大人的评价调整自己的行为，以得到父母的表扬和鼓励。

每个人都喜欢听好话，更何况男孩。因此，在教育中，家长们应该对男孩多一些表扬，少一些批评。面对男孩天真幼稚的行为，不能用成人的标准来判定，应发自内心地赞美男孩的创造力："你真行！我小时候可不如你。"随着男孩年龄的增长，对他的鼓励更应多于批评，男孩的进步就会越来越快，也会把家长当作自己成长道路上的良师益友。如果父母只知道一味地责备，甚至恶狠狠地训斥，那么必定会使男孩的自尊心在你的训斥声中渐渐丧失殆尽，同时毁掉的还有你与男孩的关系。

由此可见，教师和家长对男孩的教育中，积极的心理期待对男孩的自我肯定和未来的成长是多么重要。许多家长总是习惯在别人面前批评自己的儿子，却绝不在别人面前表扬儿子，觉得这是对男孩的严格要求，是一种良好的家教风气，也是一种谦虚，却不知男孩的内心是最渴望表扬的，尤其是当着别人的面。其实，大人也需要公开表扬，只不过男孩是高兴在脸上，而大人是高兴在心里。

把儿子培养成著名天才的老卡尔·威特认为，家长要学会赏识男孩，只要父母自认为自己的男孩是"一流"的，他们就会把这种意识直接传到男孩的头脑。当男孩从家长那里常常得到赞许、表扬和肯定，那么男孩就会认为自己是一个有能力的人，其行为则表现为积极、果敢，而且情绪稳定，有很强的自信心。父母不要吝惜自己的称赞，鼓励男孩在生命的交响乐中演奏属于自己的乐章。这是挖掘男孩潜能的重要通道，也是增强男孩自信的源泉，更是男孩实现人生价值的必由之路。

学会理财他才会独立

当男孩认识到金钱、学会劳动创造、开始积累自己财富的时候，新的问题摆在眼前：怎样理财。金钱是个人融入社会的必要手段，腐败、盗窃、抢劫等犯罪的共同诱因就是对金钱的迷恋。种种现实让家长不敢让孩子接触金钱，但越是如此，越像是在堵川填海。

与其回避问题，不如以积极主动的姿态去面对问题。让男孩从小懂得金钱的价值、使用规则、社会对金钱的看法，将金钱与人格的关系引向健康而非扭曲的状态，是父母必须接受的任务。正如一位经济学家说："孩子不能在金钱无菌室里培养。"

一个人如果只懂得埋头挣钱，不知道理财和消费，那他挣再多的钱也没有意义。金钱是交换的媒介，用劳动交换自己想要的东西，本来就是人类智慧的创造。理财问题不是什么庸俗的问题。当男孩面对自己的积蓄时，是拿出一些钱来投入到学习领域，还是和朋友们享受一个欢乐的暑假？这类看似单纯的问题，就可纳入理财的范畴。对男孩的理财教育已经成为现实的要求，然而家长还是觉得这些事情不应该让孩子过早地沾染，就算在金融发达、教育开放的美国，至今也没有开设针对孩子的理财课程。

但这并不是说理财教育是不需要的。

潍坊市一所中学对学生进行了一次"假如我有1000万"的调查，这些中学生的答案五花八门，但不少学生在一两天之内就把 1000 万"花"完了，完全没有一点理财意识。如果他们真的有 1000 万，这笔财富将在他们手中成为泡沫。

教育真经：培养男孩的理财意识

在理财规划越来越受重视的今天，男孩的理财教育也逐渐开始为广大家长所关注。"授之以鱼不如授之以渔。"理财专家认为：与其送孩子一个玩具或带孩子外出游玩，还不如送给孩子一份理财礼物，培养孩子的理财意识，让孩子的财商与德商、情商、智商"共同发展"。

在工业时代里，孩子们只需要好好学习，顺利毕业，并在毕业后找份安全有保障的工作，就能一生过安定、舒适的生活。但在信息时代，"上学、拿高分、找份安全有保障的工作"的规则已不再适应，信息时代的规则变成了"上学、拿高分、找工作，在职位上接受再培训，然后，再找个新公司，换个工作……"。显然，信息时代的人要比工业时代的人活得更累，因为你必须不断地去接受培训，适应新岗位。"一生一份工作"的生活在信息时代已不可能再现。如果父母不想让自己的孩子终生为生活奔波，就应关注孩子的"财商"教育的发展。

什么是财商？如何采用技术手段测定一个人的财商指数呢？有些人用银行存款数额、个人拥有的净资产量来衡量，有些人则用开的车型的好坏、买的房子的大小来衡量一个人的财商。他们认为，财商就是你能挣多少钱的能力。

实际上，这是一种十分片面的看法。富爸爸曾对财商下了一个定义，他说："财商与你挣多少钱没关系，它是测算你能留住多少钱以及让这些钱为你工作多久的指标。"进而，他说道："随着你年龄的增加，如果你的钱仍然不断给你买回更多的自由、幸福、健康和人生选择，那么就表示着你的财商在增加。"

由此可见，财商与你拥有和挣多少钱没有多大关系，财商可以经过培训和教育而得到增加。

财商人人都有，只不过有些人的财商比较低，所以他们一生都在为钱工作，在财务困境中苦苦挣扎。而另一些拥有较高财商的人可以终其一生快乐、健康、富裕，不用为金钱问题担忧。

培养男孩的财商十分重要。如前所述，信息时代的规则在发生改变，如果家长希望自己的男孩终生幸福而且不为金钱问题所扰，就应在他们幼年时开始培养他们的财商。

对男孩的财商教育可分为以下几步进行：

1. 注意自己和男孩的语言

不要在男孩面前说或者允许男孩说"我买不起"等诸如此类的话，正确的语言是"我怎样才能买得起"。

2. 让男孩做有关财商的家庭作业

男孩除了完成学校的家庭作业外，尤为重要的是要做有关财商的家庭作业。因为我们知道，现行的学校教育已不能满足男孩未来的需要，所以应在学校之外接受有关"财商"的教育。男孩的课外"财商"教育作业可包括玩"现金流"游戏，用假钱模拟参与股市交易等。

3. 了解并掌握至少一千个财经、金融词汇

这对于希望增加自身财商的成年人也很必要。我们知道，如果一个人想致富，最好在自己熟悉的领域里开始。倘若你连资产、负债、净利润等词汇的含义都不甚了解，还谈什么致富以及拥有高财商。

4. 帮助男孩设计成功的"赢配方"

每个人的成功都需要一些内外在因素的结合才能实现，男孩也不例外。成功的"赢配方"可使男孩实现一生的幸福、舒

适、富裕、健康和自由。男孩幼年时，极易受到来自学校和社会各方面的伤害和打击。始终让男孩拥有自信，留住他们与生俱来的天赋和才华是父母最光荣而伟大的职责。在此基础上，帮助男孩设计使他们一生成功的学习"赢配方"、职业"赢配方"和财务"赢配方"。

今天的男孩是幸福的，他们没有战乱之扰、饥饿之忧、贫穷之苦，他们生活在电脑、网络、牛仔裤、麦当劳的时尚潮流之中。但我们又深深地担忧：父母除了给予他们舒适、富足的生活和足够的零花钱外，还给了他们什么呢？今天的男孩所受的财务教育是否能迎接高速发展的信息社会的挑战？所以，对男孩进行财商教育最为重要的一步是：在你给男孩金钱之前，首先给予他们驾驭金钱的力量。

男孩需要学习的生存技能

"物竞天择，适者生存"，乃自然界和人类社会的普遍规律。只有强者才能在恶劣的生存环境、激烈的竞争条件下生存下来。缺乏独立生存和自理自立能力，缺乏生存困境的磨砺，就很难成为生活中的强者。综观之下，不少男孩在这方面却越来越缺乏。他们犹如温室里的花朵，备受溺爱，因而生活自理、自控自救、自我防范等方面的能力很差，所以屡屡发生孩子被拐骗、触电而死、溺水身亡等悲惨事件。

据《羊城晚报》报道，2002年广东省青少年学生非正常死亡的840多个案中，光校外溺水突发死亡数就占了个案的一半。学生溺水事故频频发生，让人感到无比心痛。

从表面上看，溺水悲剧缘于学生的安全意识薄弱、自我保护意识不强，然而学生溺水事故所占比重如此之高，且很多溺水者是已经成年的大学生，又说明这并非仅仅是个"安全意识"问题，它至少还从一个侧面表明，家庭、学校对于学生生存能力的培养是不成功的。学生溺水事故频发给我们的"生存教育"敲响了警钟：过分呵护只会让孩子失去基本的生存能力，不理性的爱只会弱化孩子天赋的潜能。著名家庭教育专家赵忠心教授在他的调查报告中，曾讲到这样一个真实的故事。

在江南某省城宽阔的大街上，一清早就停放着一辆威严的警车和一辆豪华轿车。警车上坐着警察，可轿车里坐的却不是犯人，而是佩戴红领巾的少先队员。轿车周围簇拥着黑压压一大群前来送行的人，男女老幼有上百人。只见车下的人一个劲地往车上递大包小包各式各样的食品，还喋喋不休地千叮咛万嘱咐："别到处乱跑"，"不要喝生水，别吃不干净的东西"，"水杯、饭碗使自己的，不要用老乡的"，"睡觉盖好被子，别着凉"，"晚上上厕所带好手电筒"……

警车拉着警笛、闪着警灯开动了，直到消失在大街的尽头，送行的人们仍旧站在原地，眼含热泪，眼巴巴地望着车开去的方向，很久都不愿离去，此情此景颇为"悲壮"，犹如生离死别。

其实，这只不过是某单位组织的一次小学生社会实践活动：从省城挑选 20 名小学生到边远山区学习生活一周，同时从边远山区挑选 20 名小学生到省城学习生活一周，即进行短期的"易地留学"。城乡的学生分别住在对方学生的家里，到对方的小学学习。组织者的目的在于：让城里生活条件优越的孩子亲身体验一下农村比较艰苦的生活，促使他们更加珍惜自己优越的生活和学习条件。

在这方面，澳大利亚的教育给我们带来了许多启示。在澳大利亚的学校教育中，有一项很特殊的课程——野外生存训练。这门课程从 20 世纪 70 年代便开始了。经过几十年的摸索并结合现代社会的发展，目前它已被作为中小学生的必修课全面推广。孩子们从小学三年级，也就是八九岁起就开始接受最初的野外生存训练了。野外生存训练的长短和强度根据学校的教学安排和学生的年龄有所不同，训练科目亦有许多种。一些比较常见的训练内容有：

1. 行军与露营训练

它要求学生自己背着行囊在特定的原始森林区或者野营训练区行走，食物常常是统一配给的罐头食品。晚上，学生们一般露营在野外，要学会选择安全地点露宿、搭帐篷、生篝火…

2. 峭壁攀爬与下落

它训练学生两方面的技巧：一是从下顺岩石向上攀登，二是从峭壁或岩石的顶部滑落到比较平坦的地面。学生腰间会系上绳。

3. 划艇与漂流的技巧

参加训练的学生都要穿上泳衣并配备救生设备，他们要掌握划桨的相互配合以及湍流漂流技术，在自然的水域中学会避开激流，排除险情，最终在规定的时间内到达目的地。

4. 丛林识途与越野

训练学生在深山丛林里掌握识别地图的技巧，凭借指南针准确辨别方向，并在最短的时间内走出丛林。

显然，这些训练不仅锻炼了孩子的体力、技能和面对险恶环境时的应变能力，更激发了孩子挑战自然的勇气，砥砺了他们坚强的品质。在此，我们暂且不说以上的生存训练项目在家庭教育中的可行性到底有多大，单就澳大利亚学生教育中呈现出的鲜明的教育理念，就有许多可供借鉴的地方。俗话说，思想决定行动！父母具有怎样的教育观和培养理念，才是最为重要的决定因素。

培养独立自主、知书达理的女孩

一个有丰富的内涵，能够完全自己独立地处理生活中的各种琐事，而且温柔有礼的女孩子，无论到什么地方都是受人欢迎的。如果从小就注意提高女孩的能力，教会她们做很多事情，培养她们勤劳的品格，并且言传身教让她们懂得待人接物的礼仪，这样成长起来的女孩子，一定会成就非凡。

2001 年，美国总统小布什组建内阁的时候，向赵小兰发出邀请，希望她可以出任美国劳工部部长。出人意料的是，赵小兰再三婉拒了布什的邀请，因为她认为时机还没有成熟。直到老布什出面说话，恳请赵小兰辅佐小布什，她才欣然受命。

赵小兰何许人？为何能在美国拥有此等影响力？要知道，美国虽然号称自由民主的社会，但是华人登上美国政坛并且担当重要职位，并不是一件常见的事情。

19 世纪四五十年代，华人开始大批移民美国西部淘金，当时正是美国的"西部大开发"的时候，到如今已经有一百多年的历史。在这一百多年间，美国主流社会常以传染病和流行疾病为借口，对华人的生活进行种种阻碍，甚至在 1882 年通过排华法案，不让中国劳工进入美国，并明令禁止华人通过归化取得美国国籍。华人在美国的地位非常卑微，一直到 1943 年，宋美龄访美之后，小罗斯福才宣布废除排华法案。没有人想到，美国华人能从"苦力""猪仔"走到劳工部长的位置。

华裔对美国的忠诚一直遭到毫无缘由的质疑，但赵小兰从不讳言自己的移民身份，即使是在就职演说上，她也首先提到，自己是坐着小船来到这个国家的。赵小兰顺利地成为美国历史上首位华裔部长，这不但为美国华人参政树立了新的丰碑，也圆了好几代人的"美国梦"。

赵小兰在就职演说中说，父母亲的谆谆教导，华人谦虚、勤劳的精神，是她走向成功的砝码。赵小兰的家庭是一个传统的家庭——父母都是地地道道的华人，一家姐妹5个在西方接受教育长大。让赵家父母感到无上光荣的是，他们的5个女儿中有4个毕业于哈佛大学，另外一个是哥伦比亚大学的法学博士。

很多人都将赵小兰一家视为华人教育的成功典范，的确，要培养出这样五个高才生，家庭教育是至关重要的。

赵家每次有客人来了，女儿们只要在家，一定会出来招呼客人。她们以非常恭敬的态度为客人奉茶，脸上总是带着真诚的笑容。尤其令人难以相信的是，赵家宴客时，几个女儿不但不上桌，而且守在客人身后，为大家上菜、斟酒。母亲解释说"这也是一种训练"。

赵家的孩子要自己洗衣服、打扫房间，不仅料理自己的事情、自己安排学习，还要分担家里的琐事。每天早晨，她们要出去检查游泳池的设备；周末则要整理两英亩的院子里面的杂草。而且，赵小兰家门前车道的柏油路面，也是几个姐妹在父亲指挥下自己铺成的。"那时我们不见得喜欢，如今想来，大家一起工作，一起交谈，很能领会父亲的良苦用心了。"

上大学的时候，赵小兰是自己贷款读的书，等到暑假，她就打工还款。但父母对她并不吝啬，他们资助她学习很多东西，高尔夫球、骑马、溜冰、弹钢琴，他们都鼓励她去尝试。

不得不佩服赵家的教育智慧，一方面让女儿们都拥有高学历，另一方面又一定要训练她们以平常心生活，养成能上能下的心态。这种既充实其知识，又强大其心态的双重教育，正是对女儿内心的扎实培养。

我们在生活中常常看到这样两种类型的女孩子，一种是能力上很强，但是不能接受别人把自己当成一个普通人对待，总是希望别人把自己当成唯一的主角。这样的女孩子虽然有才，但是不容易被别人接纳，也会吃很多亏。还有一种女孩子，性格什么都很好，唯一的缺点就是能力上太欠缺，就算别人照顾她给她机会，她也抓不住。

而女孩要发展得很好，一方面需要有真才实学，另一方面需要有与人合作的精神。说到底就是要有强大的内心。一个内心强大的人，一方面有足够的才学，以应付各种各样的能力，另一方面要在心性上足够成熟，懂得接纳、进取、自强、宽容。很多人积极地去学习新知识，不断要求自己考上高学历等等，其实就是为了让自己的内心更加自信，更加从容面对生活。

女孩可以有娇气，让人更加怜爱；但是不可以太脆弱，不可以面对一点小小的委屈就流眼泪，不可以面对别人质问的时候哑口无言，不可以在机遇来临的时候退缩。

丰子恺先生也和赵小兰的母亲一样，非常重视对孩子们的待客之道的培养。曾经到丰子恺家里做客的人回忆说，每次去丰家，丰子恺一定要让全家老小一起出来迎接，奉茶聊天，等等，哪怕客人很晚才回家，丰子恺也要求孩子们一定等到客人离开后再就寝。

能够周到待客的女孩，一定会给别人留下一个好印象，得到别人的夸奖。而这种夸奖，又会激励女孩更加完善自己的行为，形成一个良性循环。但是，现在有很多女孩性格比较自我，家里来了客人完全就当作没有看见似的，直接进入自己的房间，也不主动和长辈打招呼，这些需要家长们慢慢纠正。

一方面，家长要带好头，家里有客人来的时候热情主动地招呼。特别是长辈来家里探亲，一定不要摆出不欢迎的神色。

另一方面，家长可以请女孩帮自己待客。有时候母亲可能需要准备点饭菜，或者为客人准备礼物等，这时候帮客人倒水、介绍自己的家人等等小事情，就可以交给女孩来做，并且尽可能地及时鼓励她做得好，这样她才能慢慢变得大方起来。

另外还有一个小窍门，那就是带着女孩去有修养的家庭里做客，直接接受别人的影响。如果你的朋友们都是大大咧咧的"粗人"，自然不能创造一个很有礼貌的环境。这时候你可以带着女儿去很久不见的朋友家中，最好是老师或者平时比较有文化的人家里。带上一些水果，这样更能给主人留下好印象，主人一般也会热情相待。

当女孩直观地看到别人的热情接待，并且感受到这种热情带给自己的愉快之后，她也会把这种礼数带给自己的客人。

父母注意，一定不要当着客人的面责怪女孩，或者是谈论女孩的成绩（除非她的成绩特别好），也不要讨论孩子们的隐私。这些不利于女孩大方地和客人往来。

自主是女孩最好的礼物

许多父母觉得自己的女儿还小，不管什么事情都会帮她做好决定，尤其对相对赢弱的女孩来说，父母认为那是一种爱。但其实不然，爱默生曾说："你要教你的孩子走路，但是，应由孩子自己去学走路。"孩子虽然还小，但总有一天要走向社会。现在不培养她自我判断、自主决定的能力，什么事情都由家长完满解决，一旦孩子离开父母，没有人为她做这一切，而她自己又没有这种能力怎么办？她那时该去依靠谁呢？

谢军是享誉世界的国际象棋特级大师，曾获得过多项世界冠军。很多人羡慕她的辉煌成就，但很少有人知道她之所以能够取得这样的成就，完全是因为父母给了她自主的机会。

1982年，12岁的谢军小学即将毕业，但她却面临了两难境地：是升重点中学还是学棋，在这个分岔口谢军举棋不定。

小学6年中，谢军曾有7个学期被评为三好生，这样品学兼优的孩子谁见谁要，学校当然要保送她上重点中学。

但是，国际象棋的黑白格同样牵引着谢军和她的一家人。在这个节骨眼，母亲的一席话给了谢军莫大的勇气，让年纪小小的她学会了自主，学会了对自己负责。

母亲叫来了谢军，用商量的语气说："谢军，抬起头来，看着母亲的眼睛。你很喜欢下棋，是不是？"

这是母亲对女儿选择道路的提问，从某种意义上讲，也是对女儿将来命运的提问。

家庭是民主的，对孩子采取了审慎的商量的办法，充分尊重女儿的意见和选择。

谢军目光坚毅、严肃地看着母亲的眼睛，坚定地说出七个字："我还是喜欢学棋。"

听到女儿的话后，母亲同意了她的选择，同时又严肃地说："很好，不过你要记住，下棋这条路是你自己选择的，既然你做出了这个重要的选择，今后你就应该负起一个棋手应有的责任。"一个12岁的女孩很难懂得和理解这段话，却理解了父母的良苦用心。

正是母亲的这段话，使谢军受益一辈子。假如当初没有这段话，或者是父母包办决定女儿的前途，都不会有今天的谢军，也不会有中国这位国际象棋"皇后"。

这个故事对我们的家庭教育有什么启发作用呢？作为父母又应该从中悟出些什么呢？其实，道理很简单，那就是在家庭教育中，父母要像故事中的谢军的母亲一样，孩子的事情让她自己决定，父母自己只提出参考意见，即不要让孩子一味地跟从父母的决定，应让孩子用自己的意志取舍或选择事物，令其有自我决定的机会，并在决定事物的过程中，培养出肩负责任的自主性与积极性，以及做人的独立性与自律性。

生活中几乎没有几个父母是故意损伤孩子的自信心的，但无意识的伤害却俯拾皆是。母亲不肯放手让孩子去为自己的未来负责的爱，伤害了孩子，使他适应外界环境的能力，即自适应心理长期处于成长停滞状态或休眠状态，最终成为"母爱"的牺牲品。

母亲的过度关爱使孩子的心理成长停滞了，这种结果相信没有任何一位家长愿意看到。心理学家指出，孩子从一出生就带有一种"自适应心理"，这种心理是指人们自我调节，应变适应环境的能力。保加利亚学者佩尔努曾做过一段描述："婴儿被相当于20公斤的力推出，从温度为37摄氏度的温暖母体腹水中被抛了出来。在那个环境中，他像宇航员处于无重量的状态，现在来到空气温度为20摄氏度左右的寒冷环境中，而且在这个环境中还必须呼吸。"

从他的这段论述中，我们不难看出，新生婴儿从脱离母体的那一刻起，就已经用他天生的自适应能力来积极回应母亲子宫之外广阔的生活。他不仅能够适应这种内外温差，而且很快便开始在这种环境中健康成长。接下去，他会积极地适应家庭生活，以后还要适应复杂的学校生活，继而要适应更复杂的社会生活。

孩子不仅天生能够自我调节，适应外界环境，而且也确实应该主动去适应，这无疑对他们的未来产生极大的推动作用。心理学家认为，那些自适应心理素质好的孩子，他们对未来有着强烈的求知欲，他们会有选择地接受未来发生的事情，理智地分析生活中的变化。他们有主见，不盲从，明白想要的未来轮廓。因此，他们能够用"未来"的要求来规划自己的行为和思想，不断地为成长增值。

还孩子一片自主的空间

如果父母总是为孩子提供"善意的帮助"，剥夺孩子独立的处事能力，那么孩子长大后势必无法把握自己的生活。

因此，父母要把孩子看成是一个自立的人，使其能自行决定自己的行动，并且实行自己的决定。家长要努力培养孩子的自主能力，给孩子自主的机会，充分调动孩子自身的积极性，放开手让孩子去接受挫折的存在。在孩子向尚未经历过的事情挑战时，一般会饱受失败的折磨。不过，忍耐这种痛苦也是一种必需的经验。孩子在这个过程中，会调用内心深处的"自我帮助系统"来协助自己处理挫折与失败，从中得到各种各样的处理事情的方法，从而使稚嫩的"羽翼"渐进丰满。

古典文学作品中喜欢形容一个女孩温婉美丽，就说她娇喘微微，似弱柳扶风；泪光点点，如梨花带雨。眼泪是很多女孩的撒手锏，遇到不如意的事情就会发发小姐脾气。哭是女性的发泄方式，但是总是喜欢哭的女孩可不招人喜欢。

芬妮是家中的独生女，也是爷爷奶奶的掌上明珠。她长得十分可爱，伶牙俐齿也非常招人喜欢，唯一的缺点就是太爱哭了。她小时候爱哭，别人都说过了这个年龄就好了。但是现在已经是一个高中生了，但每次考试砸了会哭，老师批评了也哭，跟朋友闹矛盾了痛哭，和父母因为小事情赌气，也在自己的房间里哭个不停。芬妮没有什么好朋友，因为大家都受不了她总是流眼泪的性格。男孩子们叫她"泪汪汪"，女孩子们也在私下叫她"水汽包"，芬妮还为此大哭一场，让一家人都不知道怎么办才好。

妈妈一直想治一治芬妮的"泪眼"，因为她知道，这个性格到了外面肯定会吃不开的。现在她在家里哭了有人让着她，但是在外面哭多了，别人还会嫌弃她，不想和她合作。有一天，芬妮的妈妈在报刊上读到一个女性的故事，很受触动，于是把这个故事讲给了自己的女儿听。

故事的主人公叫作吴健雄，这个名字听起来很阳刚，其实是一位才华横溢的女性，一个被诸多诺贝尔奖获得者推崇的、对人类科学的贡献更胜过居里夫人的华人女科学家。

吴健雄出生在江苏太仓浏河镇，那是一个典型的江南小镇，小桥流水，烟雨漾漾。她的父亲是一位开明人士，曾在著名的上海南洋公学读书，参加了蔡元培先生主办的倡导"学术自由、兼容并蓄"的爱国学社，并加入孙中山先生的同盟会，参加上海商团。

父亲是个多才多艺的人，他自己动手装了一台收音机，让吴健雄听到无线电广播的声音，还为她买百科小丛书，给她讲述科学趣闻。当时很多人还相信"女子无才便是德"的古训，开明的父亲却鼓励女儿上学读书。吴健雄七岁时便进校受启蒙教育。父亲在课余时间常带女儿出去玩，寻觅家乡的历史古迹，向女儿讲述三宝太监郑和率船队下西洋的故事。

在苏州女师读书时，吴健雄第一次聆听了胡适的演讲。胡适的讲题是《摩登妇女》，他的话语让坐在台下的吴健雄眼界大开，当得知胡适第二天在东吴大学还有一场演讲的时候，吴健雄又到东吴大学再次聆听。胡适对社会改造、对新时代妇女的见解，让吴健雄大为赞叹。大师的智慧，点亮了一个普通女生内心对知识和世界的好奇之火。

1929年，吴健雄以优异的成绩从女师毕业，被保送到南京中央大学。但当时规定要教书一年才能入学，她就跑到上海的中国公学读书。那时胡适并不认识她，只听说过"吴健雄"这个人是一个成绩优秀的学生。

有一次历史考试，胡适担任监考老师，他发现坐在前排的一个女生两个小时就答完了题，第一个交卷。胡适浏览了一遍她的试卷，十分满意，就把卷子送到教务处，正巧遇上另外两位老师，胡适兴奋地说："我还从来没有见过一个学生，对清朝三百年的思想史能理解得那么透彻。"胡适决定给她100分。那两位老师也说有个女生十分聪颖，常得满分，当三个人各自把那位女生的名字写下来，一对照，写的都是"吴健雄"这个名字。

从此，胡适对吴健雄寄予了很高的希望。1936年，吴健雄离开战乱的祖国到美国加利福尼亚大学读博士，那时候她还是一个英文都不太流利的姑娘。但是几年之后，她已经能在世界上最好的物理实验室里工作了。

到美国参加哈佛大学三百周年纪念演讲之际，胡适还专门去看望了吴健雄，并给她写了封长信："你是很聪明的人，千万珍重自爱，将来成就未可限量"，"你的海外驻留期间，多留意此邦文物，多读文史的书，多读其他科学，使胸襟阔大，使见解高明"。

读书人是"家事国事天下事，事事关心"。吴健雄虽为一介女流，但也对祖国命运非常关注。吴健雄的大学时代正是民族危亡的时期，她足不出户地用功看书。大一时发生了"九一八事变"，莘莘学子愤怒了，纷纷拥向街头游行示威。物理系同学推荐品学兼优的吴健雄做游行请愿的领头人，她当仁不让。

在美国留学期间，她偶遇同学，看到对方处境窘迫，吴健雄硬是拉着她的行李搬到自己家中，给她腾了一间宽敞的房子，并且出双倍的价钱买这个同学的画作。后来，由于她在物理学上的贡献和出众的人品，很多人总是拿她和居里夫人对照，有人评价说："吴健雄在各方面的表现，更甚于西方的居里夫人。她不只教学，她在管理、领导上展现的才能，提倡两性平权的见识，令人如沐春风的处世风格，实在叫人折服。"

虽然在物理学上成就突出，但她没有获得诺贝尔奖。很多人都为此抱不平，为西方对东方的偏见、对东方女性的偏见而呐喊，但她本人并不介意。十多年后，以色列人设立了沃尔芙奖，专为那些应得而未得到诺贝尔奖者而设，吴健雄是该奖第一位得主。

吴健雄平时以俭朴著称，但为设"吴仲裔奖学金"，她捐出近 100 万美元巨款。1992 年,四位华人诺贝尔奖得主:李政道、杨振宁、丁肇中、李远哲,在中国台北发起成立"吴健雄学术基金会",要给八十华诞的吴健雄一个惊喜,她一再婉拒。吴健雄说:"我不喜欢出风头,做研究是我的本分,我只是运气好,成果还不错而已,不要以我的名字成立基金会。"

"真的想不到,科学界还有这样一位了不起的华人女性。"妈妈讲完吴健雄的故事,等待女儿接话,但是女儿一时间并没有怎么说话。她自己拿过报刊,又把故事读了一遍,然后说:"妈,帮我买一本这位女性的传记怎么样?"妈妈一听,欢喜得不得了,马上咨询老师,给女儿买了好几本著名女性的传记,和女儿一起看。渐渐地,这个爱哭泣的小姑娘真的就不轻易流眼泪了。

女孩流泪不是每次都要管

女孩子都有一种"表演"的情结,你越是在意她的一举一动,她就越是想表演给你看。就像有些人在有客人的时候会格外娇气,只有家里几个人的时候就很正常一样,这是人之常情。不过,也正因为如此,当女孩因为一件小事情而流眼泪的时候,如果她是故意给你看的,你就假装没有看见好了。像往常一样看看报纸、喝茶聊天,就像把她忘了一样。当没有观众的时候,她就自己停下来了。次数多了,她也会觉得没有意思的。

在美国,很多家庭都主张用 Timeout 的教育方式来处理孩子们发脾气的问题。就是当孩子开始发脾气的时候,把他一个人扔在一边不管他,等他自己觉得没有意思了,也就会冷静下来了。

不过,一定要注意的是,当女孩在真正受了委屈或者很脆弱的时候，爸爸妈妈还是要第一时间站在她身边。

让女孩带着忠告离开

女孩固然喜欢黏着父母，因为她天生就渴望被了解，被亲近。但女孩同样是渴望自由的，尤其是随着年龄的增长，女孩子更不喜欢大人打扰属于她自己的那片清幽的小天地，她们总有那么多"不能说的秘密"，是只需要一个人在夜深人静的时候，自己独自享受的。

女孩的成长需要自由的空间。要想使女孩茁壮成长，就一定要给她们活动的自由，而不让她们拘泥于一个小小的"鱼缸"。许多时候，家长对孩子过度管教，会扼杀孩子本来的天性，令孩子窒息，甚至产生严重的后果。因而，在家庭教育的过程中，父母不需要刻意约束孩子，要给孩子足够的自由，对一些无关紧要的事情少管或不管，让她们养成独立生活的习惯，时刻信任孩子、要尊重孩子的独立人格、放开手给孩子自由，让孩子自己说出她喜欢什么样的生活方式、鼓励她向不知道的地方前进，鼓励她发现自己的"新大陆"。

但毕竟，孩子的人生经验太过浅薄，父母不免担心倘若放手的话，孩子会遭受挫折、承受委屈。所以，家长在松开手中绳索之前，要给孩子一些人生的忠告。要知道，一句好的忠告是会影响孩子一生的。

1955 年，敬一丹出生于哈尔滨。她曾有过 5 年的知青生活，是一个地地道道的末代工农兵学员。或许，正是那样的时代培养出了她朴素的美德。

妈妈一直是敬一丹最尊敬的人，在她十三四岁的时候，妈妈告诉她："享福不用学，吃苦得学一学！"这句话，敬一丹记了一辈子。

敬一丹平常就落落大方、胸怀坦荡，她永远保持着一种淳朴自然、从容不迫的样子。她很清醒，知道自己的位置，所以人们看节目时，总能看见不会装酷、一身朴素的她。

杨澜曾这样评价敬一丹："一般女主持人，都难脱一个'媚'字，而在我认识的众多女主持人中，敬一丹是不以'媚'取胜的。"的确，观众永远不会在屏幕上看到浓妆艳抹或服饰华丽的敬一丹，她永远都是穿着色调素淡的职业女装，一副大度泰然的神情。

显然，母亲的一句忠告对敬一丹以后的人生发展起了莫大的作用。对于大部分家长也同样如此，在放手让孩子飞翔之前，多给她讲一些人生智慧，以便她在自由翱翔的时候能够保持坚定自我，不至于迷失方向。

教育真经：必须让女孩知道的事

1. 社会不会等待你成长

父母要让孩子知道，人生不售回程票，不是所有的东西都可以重来。人卷挟于社会中，犹如置身于你不得不身陷其中的舞台，你注定要扮演某个角色，虽非心甘情愿，却也无可奈何。在熙熙攘攘的社会生活中，如何尽快地为自己找到安身立命之处，是每个人不得不面对的选择，社会不会等待你成长，所以你要自动自发地走向成熟。要成为一个成熟的人，就要时刻抱着居安思危的心态，知足常乐，宽以待人，要懂得换位思考，理解他人，尊重他人。

2. 要适应生活中的不公平

告诉孩子，生活不可能给你任何你想要的，总有一些地方是上帝不愿意满足你的。在那些不完满的领域，你不要选择一味抱怨，因为无休止的抱怨过后就是低落和消沉。不要认为整个世界都对不起你，也不要质问为什么别人得到的总比自己多。殊不知，任何人都有不完美的方面，都有输于别人的地方，只是他们对此的态度不同罢了。忽略这些不完满而选择自己的优势发展，或者通过自己的努力改变自己的劣势，他们也便在适应的同时扭转了形势。

同时，适应不意味着放弃努力，适应只是让你拥有一份平和的心态去面对生命中的风风雨雨。适应就是困境中的调和剂，给你一片缓冲地带以帮助你去进行新的选择和新的努力。

面对社会上存在的不公平，青春躁动的少男少女们要学会去适应，试着用更宽阔的胸怀去接受，然后再尽自己的努力去改变。当然，如果结局真的难以扭转，那么也没有必要苛责自己，因为你已经尽力了。

3. 要把握好善良的分寸

为人处事诚然要保持一颗善良的心。如果一个人在考虑任何事情的时候都以自己的利益为出发点，那么也许这个人在别人眼里会有点自私，但如果走向另一个极端，考虑任何事情都把自己排除在外，那样的结局也不会像自己期待的那样美好。

善良不仅可以表现为为对方做好事，而且也应该首先表现为对自己的关爱。不错，善良是一种良好的心态，也是一个人获得他人尊重的前提，但是，表达善良也应该有一个尺度，无限度地、盲目地奉献自己，到头来很可能会迷失了自己。

"做人要做善良的人"，这是公理。但父母要提醒孩子，在表达自己的善良时，也要把握一定的分寸，要抑制自己过分行善的欲望。

4. 牢记吃亏是福

有时候，最喜欢占便宜的人未必到最后也饱尝硕果，倒是最先吃亏的人会占到最后的大便宜。吃亏也是一种福，聪明的人往往运用这种福祉为自己赢得更多的利益。

告诉孩子，也许很多时候你会嫉妒身边和你一样水平甚至不如你的人却能得到让你一直以来都梦寐以求的机会，你也许还会无数次地问这到底是为什么。可是，也许你并不知道，他在获得这个机会之前已经铺垫很多，谦让很多，也许正是他们之前的宽容以及在你看来是"吃亏"的行为为他们开启了更广阔的成功之路。应该让孩子明白，人最初退的一步是为了更好地向前走十步，甚至一百步！

5. 不要总是逞一时的口舌之快

家长要让孩子知道，在生活中，无论何时、无论何地，我们在处理一些事情的时候，都要考虑到别人的感受，在彰显自己优秀的同时，也要懂得给别人展现自己的机会，让别人觉得自己也很优秀，而不是让别人认为自己生活在你的光环下，这样才能营造一个融洽的氛围。

真正的智者并不是在每次争辩中都占据上风的人，不是把别人都比下去的人，而是那些善于双赢的人。也许在一次的争辩中你成了赢家，但是与此同时，你很可能已经失去了对方的信任和好感。你与一个人的交往不可能仅此一次，也许下次再遇到他的时候，就是你需要他帮助的时候。有了上次的不愉快，接下来的合作还如何快乐地进行？提醒孩子，做事的时候要记得为自己留一条后路。

6. 保持自省的好习惯

时常反省，可以修正自己的言行和方向，借修正言行来使自己进步。如果能够将这种习惯坚持下来，那么反省性格的养成一定会帮助你在以后的道路上不断收获成功。

家长可以建议孩子每天抽出一点时间来思考和检视自己的行为，如：与人交往中，我今天有没有做不利于人际关系的事？在与某人的争执中我是否也存在不对的地方？对某人说的那句话是否得体？到目前为止，我做了些什么事？有无进步？时间有无浪费？目标完成了多少？等等。

女孩也是家庭"主角"

有的父母总觉得孩子没有主见，在孩子表达出他的意愿和想法时，家长也总是不屑一顾。当父母就家里的某个决策讨论的时候，孩子在一旁插嘴，父母就大声呵斥"大人说话小孩子别插嘴""这是大人之间的事，没你小孩子什么事，一边玩儿去"，实际上父母的这种态度已经对孩子产生了消极的暗示和影响，无疑是给热情高涨的孩子迎头泼了一盆冷水，使孩子自信全失，严重的可能会觉得自己在家里一无是处，可有可无，进而衍生出一些本来可以避免的心理问题，如轻视自己、自我怀疑等等。一旦孩子真的出现了心理问题，父母就要追悔莫及了。

诗人、国家一级作家骆晓戈教授是一位和蔼可亲的大姐，去大学任教前就是一位很得孩子们喜爱的师友。她的女儿岸子自浙江大学毕业后，凭过硬的自身条件被公派到美国留学。

骆教授的教子之道值得推崇。骆大姐家庭条件优越，唯一的宝贝女儿岸子身上却无骄娇二气。同事们都很喜欢岸子。

在骆教授的众多教育方法中，最大的亮点就是让孩子参与家庭决策。在岸子很小的时候，骆大姐要添置家庭共用品都会征求她的意见。比如买电视机，买多大的，什么品牌、什么颜色、什么价位等等，甚至摆放在哪个位置都和她商量。岸子稍大了点，骆大姐就向她详细通报家庭收入情况，夫妇俩还会认真地和女儿预算一周、一月和一年的支出。后来，全家小到衣服大到房屋的购买，岸子都有充分的发言权和决策权。

"当家方知柴米贵。"由于从小就参与了家庭管理，岸子确实知道"一粥一饭当思来之不易，半丝半缕恒念物力维艰"。所以，除了一日三餐和舍身的衣装，她从不向父母伸手要这要那。在家里，岸子享有惯了平等的话语权，在外面，她就能够做到不卑不亢。尤其是，她通过长期参与家庭决策和管理，自觉不自觉地有了振兴家业和贡献社会的责任感，一直刻苦学习，表现优秀，成绩优异。

一般来说，能够经常参与到家庭决策中来的孩子，性格较为开朗，能够在众人面前条理清楚、简明扼要地表达自己的见解和意见，能够主动关心别人、考虑别人的感受，有较强的集体责任感和责任心，待人接物也处处能彰显出自信；而那些从来不参与家庭决策的孩子，考虑事情通常是狭隘的、自我为中心的，集体意识淡薄，依赖心理强，做事的主动意识差。因而可以看出，让孩子参与到家庭决策中来对孩子的健康成长有至关重要的影响。

第五章

常见问题，给妈妈支个招

　　学龄儿童处于家庭和学校两大不同的环境中，心理总会出现些不适应，于是，学龄儿童总是出现很多问题，其实这些问题都很普遍，妈妈不用大惊小怪，只要好好地引导和帮助，孩子的毛病就可以改掉。

孩子做事拖拖拉拉怎么办

　　如果孩子在学生时期还没有克服掉这种毛病，就有可能形成懒惰的性格，在碌碌无为中度过平庸的一生。妈妈教育孩子，一定要注意帮孩子改掉这一陋习。

　　四年级男孩李江，成绩一直很不错，但是，老师和同学都不喜欢他，因为他做事总是拖拖拉拉。他的作业经常不能够按时完成，导致老师经常生气。在生活中，同学们谁也不愿意跟他合作。他办事情像一个老太婆，和大家根本就不合拍。在一次晚会中，大家一起玩游戏。他和几个同学分在一组，结果因为他拖拖拉拉，使得他所在的那一组输得很惨。同组的几个同学都责怪他，不愿意和他交往。慢慢地，其他同学也不愿意理他了，觉得跟他合作既倒霉又没有意思……他在学校连个好朋友都没有，感到很压抑。妈妈最讨厌看到李江做事磨磨蹭蹭的样子，而且也为这件事情打了他不少回，就是不见效果。

像李江这样的孩子很多，做事拖拉、慢吞吞似乎不是什么大毛病，但融入集体，进入社会工作后，拖拉的恶习就会暴露出原本的弊端。

做事拖拉、磨磨蹭蹭是孩子常见的一种毛病。

孩子做事拖拉一般表现在：做作业时不专心，东看看西玩玩，一个小时可以做完的作业要用两个甚至更长的时间；从早上起床、穿衣、洗漱到出门上学的这段时间内，动作慢吞吞，不紧不忙，经常导致迟到；因怕困难而把艰巨的任务、麻烦的事情拖到最后办理，或寻找借口一拖再拖；一般不善于整理环境，卧室、写字桌上乱七八糟；一般都缺乏进取精神，不愿改变环境，不愿接受新任务；老是不肯做作业，一直拖到每天的最后一刻，甚至点灯熬油开夜车；遇到棘手的事或考试，就装生病、找借口，企图回避；在受到不公正的待遇时，即使自己有理，也喜欢忍气吞声，以免和别人发生冲突；无论遇到什么事情都怨天尤人，从不从自身寻找原因；说起来一套一套的，想法很多，但从来不去付诸实施……如果孩子在学生时期还没有克服掉这种毛病，就有可能形成懒惰的性格，在碌碌无为中度过平庸的一生。妈妈教育孩子，一定要注意帮孩子改掉这一陋习。——而妈妈要培养孩子绝不拖延的意识，最重要的是必须让他学会珍惜时间，懂得"一寸光阴一寸金，寸金难买寸光阴"的道理。这首先要求妈妈自己是一个珍惜时间的人。

《朱子家训》开篇说："黎明即起，洒扫庭除，要内外整洁。"一天之计在于晨，当孩子醒来，发现妈妈已经把屋子收拾得干干净净了，周围空气清新，精神自然百倍。相反，如果家里乱糟糟的，一片狼藉，人也就没什么激情开始一天的学习生活了。

所以，勤劳的妈妈往往能保持好家人的积极情绪，而且，也能教育孩子珍惜一天的时间，认真对待每一个黎明。

早晨时间有限，看着孩子从起床、吃饭到准备上学，样样拖拖拉拉，三催四请还是慢吞吞的，让你忍不住扯开嗓门责备他。结果你发火了，孩子却泪眼汪汪地站在那儿发愣，坐在那儿发呆。这样会比较快吗？

妈妈气急败坏地呵责，孩子仍然慢吞吞。当心——你的气急败坏造成错误的身教，孩子长大后会变得跟你一样脾气不好。另一方面，孩子的挫折感和当时的惊吓，也会带来更多的抑郁和适应上的困难。

慢吞吞已经够你心烦了，若再加上教导不当，衍生其他冲突**或心智成长**上的问题，那就更令人困扰了。许多孩子的问题像滚雪球一样，越滚越大，随着年龄增加，将有更多的困扰。

孩子做事慢或者磨蹭，有的与孩子的性格有关，有的和孩子的生活习惯有关，妈妈应具体问题具体分析，对症下药，力争药到病除。

吃饭慢，这是小问题，只要孩子没有一边吃一边玩，而是在细嚼慢咽，就是可以容忍的；做作业慢，那是因为他没有什么有趣的事情等着去完成，如果完成了作业可以看电视，孩子就会积极一点，但是，不能拿这个作为交换条件，防止孩子的速度上来了，质量下去了。

有一个妈妈非常大胆——让孩子在看电视的广告时间做作业。孩子很感谢妈妈的宽容，作业写得又快又好，这种方式，也许值得妈妈们借鉴一下，因为这样给孩子的不仅是宽松的时间，更是莫大的信任。

一般来说，有明确目标的人，做事情会很快。拖拖拉拉的孩子，也许缺少的是目标感。另外，孩子的惰性也是导致拖拉的一个原因。不给孩子惰性心理留任何滋生的机会，时时提醒孩子"明日还有明日事"是非常重要的。

对于孩子的拖拉，建议妈妈给孩子规定一个时间，让他限时完成。同时，妈妈还可以为孩子准备一个记事本，将要做的事情按重要顺序分类，养成孩子做事有条不紊的习惯。为了去除孩子对妈妈的依赖心理，让孩子自己承担做事拖拉的后果。比如要出门，提醒孩子准备妥当。若不改拖拉，就要丢下孩子，让他独自承担后果。生命是由时间累计而成的，谁将该做的事无端地向后拖延，谁就会无端地浪费生命；谁重视时间，时间就对谁慷慨；谁会利用时间，时间就会服服帖帖地为谁服务。尽早培养孩子珍惜时间的习惯，即是教会了孩子珍惜生命。

孩子脾气太躁怎么办

每个妈妈都不希望自己的孩子是一个随意发脾气的孩子，可事实上发脾气是孩子成长过程中的必经之路，如果妈妈引导得不好，孩子就会像下文中的奇奇一样，养成乱发脾气的习惯，变成一个暴躁的孩子；引导得好的话，孩子的脾气就会成为每一次教育孩子成长的契机。

李医生夫妇最近被儿子的坏脾气折磨得头疼。儿子奇奇7岁，才上小学二年级，却脾气暴躁得厉害，稍不如意就大发雷霆，大喊大叫；即使是跟他讲道理，他也听不进去，如果父母不按照他说的去做的话，他就一直吵闹、哭喊、在地上打滚，手里有什么东西都会顺手扔出去。

为此，李医生夫妇想尽了办法，他们打他，苦口婆心地教诲他，罚他站墙角，赶他早点上床，责骂他，呵斥他……这些都不管用，一有事情奇奇还是会大发雷霆，暴躁脾气依然如故。

这天，奇奇看到邻居家小朋友拿着一个变形金刚，奇奇觉得很好玩，就跟那个小朋友一起玩了起来，两个人玩得很开心。很快，吃晚饭的时间到了，那个小朋友被他妈妈叫回家了，奇奇也只好依依不舍地回家了。

回到家里，奇奇就跟妈妈讲："妈妈，你给我买个变形金刚吧。"

"你的玩具箱里不是已经有两个了吗？"妈妈很奇怪。

"我想要小朋那样的。"

"那等明天爸爸出差回来了带你去买吧。"

"我不！我就现在要！"奇奇的愿望没有得到满足，大声喊了起来。

"你这孩子，我晚上还得去值夜班呢，哪有时间去给你买啊。来，奇奇乖，咱们吃饭了。""我不吃，我就要变形金刚。"奇奇的倔脾气又上来了。

"快点吃饭！吃完了我要去上班！"妈妈生气了，说话的语气重了点。

"砰——"令妈妈没有料到的是，奇奇竟然把饭桌上的一碗米饭推到了桌子下，碗的碎片和米饭撒了一地。

妈妈很生气，拉过齐齐，狠狠地朝他的屁股上打了两巴掌。这下，可是捅了马蜂窝，奇奇躺在地上哇哇大哭起来。

妈妈又着急又生气，眼看着上班时间就快到了，可奇奇还躺在地上撒泼，她不知如何是好了。

"现在的孩子越来越难管了！"有不少妈妈抱怨说，"稍不如意，牛脾气就上来了。打也不听、骂也不灵，哄他吧，他还更来劲！"生活中，确实有不少这样的孩子。

心理学家认为，孩子爱发脾气是由于家庭教育不当引起的。特别是独生子女，如果从小家人就事事以他为中心，孩子要什么就给什么，久而久之，孩子就会养成遇事爱发脾气的习惯。比如，他想要一个玩具，而妈妈不想买给他，他就会大哭大闹，此时，妈妈既想管教，又怕孩子受到委屈，结果可能就会对孩子"俯首称臣"。这样反而会让孩子形成一种错觉：只要我大哭大闹，他们就会让步，我的愿望就能实现。如此下去，就会形成恶性循环，孩子逐渐就养成了乱发脾气的坏习惯。

此外，有的孩子乱发脾气，可能是从妈妈那里学来的。妈妈是孩子最早的启蒙老师，也是孩子最好的老师。妈妈日常所表现出来的好品质，孩子会受到潜移默化的影响。但是，一些妈妈却没有给孩子做好示范作用，有的妈妈遇到不顺心的事情，常常会大发雷霆，甚至有时候还会将怒气撒到孩子身上。这种行为模式往往会被还缺乏辨别能力的孩子加以效仿，于是孩子就会翻版妈妈的处事方式，遇到问题或困难时，也会大发雷霆。每个妈妈都不希望自己的孩子是一个随意发脾气的孩子，可事实上发脾气是孩子成长过程中的必经之路，如果妈妈引导得不好，孩子就会像奇奇一样，养成乱发脾气的习惯，变成一个暴躁的孩子；引导得好的话，孩子的脾气就会成为每一次教育孩子成长的契机。

那么，怎样才能改掉孩子乱发脾气的习惯，或者说对孩子发脾气采取什么样的对策才是可行的？

专家建议：一是不能向孩子"俯首称臣"；二是当孩子发

脾气时,适当地采取"横眉冷对"的方式;三是妈妈"以身作则",让孩子从榜样的身上学到正确的东西。

孩子发脾气就向他屈服是最不可取的教育态度和教子方法。当孩子乱发脾气时,妈妈要保持冷静,对孩子的不合理要求绝不迁就,要让孩子明白,无论他怎么发脾气,妈妈都不会"俯首称臣",他始终都达不到自己的目的。当孩子已经"雷霆万钧"时,不妨运用冷淡计,妈妈及其亲人都不去理会他。事后,再当着孩子的面,分析一下他发脾气的原因,细心地引导、教育孩子,相信孩子会从一次错误的行为中吸取教训。专家认为,妈妈在阻止孩子坏脾气发作的时候,既不能采取过于强硬的态度,也不能采取过于软弱的态度。最好是能够迅速而果断地将孩子的注意力转移到其他方面,以缓和紧张的局势。也就是说,当孩子正处于发脾气的时刻,妈妈不要一心只想到训斥孩子,因为孩子这时是听不进去的;也不要强迫孩子或者用武力威胁孩子马上停止发脾气。最简便的方法就是运用冷淡计把他撇下不管,或把他送出门外,让他一个人去发泄,去自我克服、自我平息。这样坚持一段时间后,孩子就会渐渐改正乱发脾气的习惯,因为他知道这样做是什么也得不到的。

孩子爱撒谎了怎么办

事实说明,无论你如何教孩子,他们迟早会对你说谎。孩子越大,谎话越多越高明,而且说谎得逞又逃过处罚,谎话就会越来越多。第一次说谎心中的犹豫最强烈,还会自问该或不该,恶例一开,原先再三思量的能力就丧失了。为了培养孩子成为一个真诚正直的人,妈妈应根据不同情况客观分析,对孩子进行正确的教育引导，应奖励孩子的诚实，即使孩子有了错误，只要说了真话，就应肯定他的做人之道，并引导孩子不断地完善自己。妈妈不用打骂、惩罚、斥责等消极方式对待孩子，避免孩子为保护自己而以谎言应付妈妈。要与孩子成为朋友，建立相互信任关系，如果是由于妈妈的原因造成孩子说谎，妈妈应检讨自己，进行自我批评，并对孩子做出合理的解释。

老师打电话来说孩子一下午没去学校，于是等孩子回来，你问他：

"下午上课怎么样啊？"

"嗯，挺好的。"

"老师都讲什么了呀？"

"哦，讲的……讲的课文。"

这个时候，你明知道孩子说谎了，但是应该怎么做才能既不伤害孩子的自尊与自信，又不纵容孩子说谎呢？

1. 弄清楚孩子是否在说谎。当怀疑孩子说谎时，父母首先应该仔细地调查了解，弄清楚孩子是否真的在说谎，说谎的原因是什么。孩子的谎言，往往是把内心想象的事物和现实中的事物混同起来。特别是小朋友在一起时的"吹牛"更是没有边，许多话都是无知的语言，不必介意。比如，"我爸爸带我去动物园见到一个蚂蚁比皮球还大"等，这些都是孩子们的想象。小孩子说谎，是比较容易发现的，几句话就可以套出来。大一点的孩子说谎，往往能够骗得了父母，因为孩子知道父母喜欢听什么话，他们会制造谎言，说得天衣无缝。遇到这种情况，父母应通过仔细观察和进一步了解揭穿孩子的谎言，并用比较婉转的口气和迂回的方法教育孩子。

2. 证实孩子说谎后，应采取相应的措施进行教育。面对孩子的错误，妈妈往往火上心头，责骂不解心头之恨还会动手打孩子，这是不理智的。妈妈应该克制怒气，分析一下孩子错误的性质，对无意、初犯或较轻的说谎行为，切忌粗暴体罚，而应该耐心指导教育。首先要对孩子说谎的行为表示生气和不满，表明自己对说谎行为非常地反感，然后教育孩子以后注意自己的言行，尽量不要再说谎。

有些孩子已经习惯于说谎话，屡教不改，甚至有损人利己的行为，而且态度恶劣。对于这种孩子，除了严厉批评教育以外，还可以进行适当惩罚，来戒除孩子的恶习。例如孩子又因贪看电视而没有做功课却谎称做完了，妈妈发现后，就首先要求孩子赶紧做完功课，然后剥夺孩子3天看电视的权利，或者3日内不能出门玩耍。但是妈妈惩罚孩子时要注意，惩罚既要让孩子感到痛苦和认识到事情的严重性，又不要使孩子的躯体受到严重损害和摧残，那种要求孩子下跪或打骂孩子的方法是不可取的，不但收不到效果，反倒使孩子产生逆反心理。

值得一提的是，当孩子旧错重犯时，如果他能主动、诚实地告诉妈妈自己所犯的错误，那么妈妈在批评教育之后，一定要对孩子的诚实做出肯定，并适当减轻惩罚。

3. 以身作则，正确引导孩子。营造民主温馨的家庭氛围，让孩子拥有一个自由快乐的环境，对培养孩子诚实守信是非常重要的。因此，妈妈承诺了孩子的事情应该尽量办到，不要随便欺骗孩子。妈妈有意识地对别人说谎时，不要当着孩子的面，以免孩子效仿。而妈妈对孩子的说谎行为，应该进行正确引导。例如，孩子模仿电影、电视中的人物而说谎，妈妈就应该告诉孩子，这是不对的。同时告诉孩子说谎会带来各种可能的后果，教给孩子做人的道理，让孩子建立正确的是非观念。孩子恶意说谎的行为就会逐渐戒除，不经意的说谎也会逐渐减少，成为一个诚实的孩子。

孩子总是随手扔东西怎么办

对于东西乱扔乱放的事情，有小孩子的家庭是很容易看出来的，往往沙发上放着玩具，桌子上有很多零食，孩子的用具随处可见，想让整个家庭保持二人世界的浪漫和情调已经成了一件不可能的事情。其实，从上述事例可知，只要方法得当，孩子的东西是能够很好地归类的。

有一个小孩子在家里的时候总是丢三落四，不停地找妈妈要东西，这也不见了，那也不见了，孩子一边放，妈妈一边收，结果谁都不知道东西去哪儿了。

但是很奇怪，孩子在学校里面从来不丢东西，从家里带过去的文具和饭盒，总能完璧归赵，从来不缺胳膊少腿。孩子的科目很多，教科书、参考资料、试卷、作业、强化练习等，也从来没有少过。这让妈妈很奇怪。

"聪聪，你们在学校都是怎样放东西的？"

"我们每个小朋友都有一个柜子，上面贴了自己的名字，大家都把东西放在自己的柜子里。其他的东西都是装在自己的书包里，别人我就不知道了。"

"哦，原来是这样。"妈妈开始考虑给孩子设计几个专用的柜子。

她给孩子买了一个雕花的大木箱，里面可以放很多东西。"这是你的魔法宝盒，我们把所有的玩具都放进去吧，娃娃留在外面。"然后妈妈给复印纸盒子贴上了好看的包装纸，上面写着"文房四宝"4个字,"往后,所有的文具就放在这个文房四宝盒里面好了。"然后买了几个大大的粘钩,贴在孩子房间的门背后,孩子够得着的地方,让孩子把书包都挂上去,随手可以拿走。

这个办法大大缓解了聪聪找东西的痛苦,而且他还觉得很有意思,自己又动手做了几个"多宝格",仿照故宫中的多宝格样子,把大大小小的东西都放了进去,他的小世界便越来越清晰了。

对于那些低龄的孩子来说,妈妈们要培养其物归原处的习惯,先要自己做好示范。比如说,孩子要灰太狼玩偶的时候,妈妈最好能每次从同一个地方比如摇篮下面的储物层拿出来,这样孩子就能形成灰太狼放在储物层的概念,他自己就会动手拿。如果孩子忘了放回去,妈妈可以提醒他:"灰太狼可能想要回家啦。"孩子就能明白妈妈的意思是要把灰太狼放回到原处,也很愿意帮助灰太狼回家。

如果妈妈常常在孩子面前说:"看到我的水果刀了吗?""爸爸的公文包去哪里了?""怎么没看到那本小说了?"……这无疑说明你还是一个不懂得收拾的妈妈。妈妈是生活的核心,一切家务都是围绕妈妈展开的,一个井井有条的妈妈才能保证家庭生活有条不紊地进行,不然就会制造出很多小摩擦来。好妈妈一定要首先是一个会收拾的人。

心理学家说,一个习惯的培养需要21天的重复,也就是说孩子要培养一个哪里拿哪里放的习惯,大概需要3周的时间。妈妈需要有耐心,不能1周之内总是大发脾气说"提醒了多少次你都记不住,真是没用的东西"这样的话,这只会打消孩子的积极性,对培养好习惯一点效果也没有。孩子一两次没有做好也没关系，当他有意无意地物归原处了一次之后，妈妈最好能表达一下高兴的心情："这次我很快就找到你的球鞋了，真好。"孩子也会因为觉得自己的行为给家人带来了方便，而感到骄傲。

其实人小时候的培养都是生活习惯的培养。记得有一个诺贝尔奖的得主在接受采访时，对方问他从小到大在哪一所学校获得的教育最深刻，他回答说："幼儿园，我在那里学会了对人有礼貌、遵守交通规则、自己的东西自己管理、按时吃饭等，这些我一直遵守到现在。"小时候培养了良好的生活习惯，孩子在独立之后，更能掌控自己的生活。这种投资是利益长远的，值得妈妈们耐心培养。

孩子说话口吃怎么办

说话不流畅，是 2 ~ 7 岁儿童比较常见的生理现象。孩子对自己的口吃无自我意识、恐惧和害羞心理，算不上是"口吃"。2 ~ 3 岁的孩子思维迅速发展，想用语言表达一种思想，但往往找不到合适的辞藻，于是在找合适的词语来表达的过程中就会出现口吃，这种口吃一般只是阶段性的。在这一阶段，有很多孩子开始学会数数、念儿歌，但是说的技能赶不上思维的速度，以语言为基础的思维跑到语言功能的前头，思维和语言发展不同步，口吃就会更加明显了。但是随着孩子语言能力的进步，这种口吃就会慢慢地减少直至消失。

李浩是一个聪明可爱的小男孩，但他有个小毛病——说话结巴。其实，李浩开口说话挺早的，说话也较流利，可到了 5

岁的时候，却突然变得有些结巴了。从 5 岁开始，李浩接受了妈妈的言语矫正训练，妈妈自制了一套训练方案，播放教学录音让李浩模仿，但效果甚微。时间长了，李浩觉得妈妈是在折磨他，而妈妈却认为李浩"我……我……我……"是故意的，于是批评、苛责、一招接一招。结果妈妈越着急，李浩就越害怕，越害怕就越结巴。

后来，妈妈看了一篇相关的文章，上面说 2 ~ 7 岁的孩子结巴是正常的，就没有再苛求他，心想慢慢地会好的。谁知道上小学后李浩的结巴竟然越来越严重，一句话中间老是有不恰当的停顿，或某个字的发音拖得很长，如"我不……想睡觉"，让人听起来很吃力。

每当与老师谈话或上课发言时，李浩就结巴得更厉害；有时遭同学嘲笑，他说话就更结巴了，越是这样，他就越不爱讲话，因而，讲话就更加不流利了。

研究发现，孩子的口吃是后天形成的，与家长教育不当有直接的关系。一些妈妈见到孩子出现口吃，便会没有耐心地、严厉地责备孩子，时常提醒孩子注意。受到多次的责备和提醒之后，孩子就对讲话产生了不安、恐惧等心理，口吃现象反而会变得更加严重。妈妈不愿意听到孩子讲出"结巴"的话，急于纠正孩子的发音，这样孩子说"结巴"话的机会反而会增加，最后孩子真的成了口吃患者，把本来不是问题的事情弄成了问题。

口吃不仅影响孩子语言功能的发育，还会极大地损害他们的心理健康，使他们产生心理压力，自尊心受挫，容易形成孤僻、退缩、羞怯、自卑的不良个性。口吃的孩子往往情绪不稳，容易激动。他们害怕在大庭广众下讲话，害怕上课时老师提问，不愿意主动与同学交往。

所以，当孩子出现口吃的毛病时，妈妈应该做到以下几点：

1. 不让孩子模仿：模仿是口吃形成的主要原因之一，因此，在日常生活中，不要让孩子模仿电视里或者生活中的结巴。

2. 妈妈耐心倾听，不要指责：妈妈见到孩子口吃时，应保持平静、无所谓的态度，避免严厉责备，不要逼孩子把话讲全，也不必提醒"你又口吃了，要注意"，以免增加孩子的紧张情绪，反而使他们更加结巴。

3. 慢慢地跟孩子说话：若孩子的口吃比较轻微，则不必采取任何措施，时间长了，口吃自然就会消失。若孩子的口吃现象比较严重，妈妈在同孩子讲话时，应该用缓和、拖长音的语气降低语速，孩子会逐渐模仿，用这种方式去讲话，口吃也会慢慢地得到缓解。

4. 及时给予鼓励：当孩子的口吃有一点改进时，妈妈应及时地给予表扬鼓励，这可增加孩子克服口吃的信心。

5. 寻找病因，消除病因：孩子本来不口吃，后来变得口吃，这其中会有很多原因：也许是智力负担过重，也许是家人当着孩子的面争吵、冲突，孩子受到惊吓或是孩子的习惯受到破坏等。只要能消除隐患，孩子的口吃一般会在几个月后自行消失。如果原因不明，就必须去咨询相关的专业机构，以便及早地解决问题。

孩子一旦患上口吃的毛病，就容易产生自卑的心理。所以，应该做一位耐心倾听的妈妈，让孩子认真地把每一句话都说完，相信孩子的毛病就会渐渐好起来。

孩子就是不爱学习怎么办

学校是学生学习的地方，也是孩子与人交往的地方，和老师、同学的关系，将会对孩子的学习产生很大的影响。老师对孩子的定位与品评将直接影响到孩子的学习，如果老师总是觉得孩子是后进生，总是批评孩子，那么他很容易产生厌学心理。与同学关系处得不好，也可能会让孩子产生厌学心理。

乐乐上初三了，马上面临着毕业考试，因此，父母对他管教得严厉了一点儿，尤其是学习方面，但是，父母发现，乐乐似乎是越来越不爱学习了，成绩也开始直线下降。父母着急上火，但乐乐自己却像个没事儿人似的。

乐乐的父母跟老师诉苦："原来放学还知道看看书、做作业，可一上初三就连作业都不做了，书也不看了。要么看电视，要么就坐在电脑前，不是上网就是打游戏，反正就不看书做作业。你说他两句吧，他就'嗯''啊'，说一会儿就去，可过半个小时你再看，他还在那玩呢。"

"我们尽量去和他做朋友，逮住机会就做思想工作，可怎么说也没用，道理他都听不进去。问他为什么不学，他说'不为什么，就是不想学'。孩子这么大了，我们不可能，也不想整天监督着他学，可他根本理解不了父母的苦心。"

"有时候早晨去学校的时候，他总是磨蹭再三，拖拖拉拉的，似乎是很不愿意去学校。"

很明显，乐乐有了厌学情绪。

厌学心理是对学习产生厌倦乃至厌恶，从而逃避的一种心态。这种心理状态直接影响到孩子的学习，并危害他们的身心健康。人们通常以为孩子厌学是因为孩子比较笨，或者是孩子懒惰成性而不喜欢学习，但是，厌学心理不仅仅是厌恶学习。

大多数孩子的厌学与他们是否聪明没多大关系，而与家庭、老师、同学以及自身的基础等因素有关。

家长对孩子的期望过高，加重了孩子的学习负担，当孩子无法承受这些重负时，会对父母的做法产生反感，进而发展到讨厌学习、讨厌上学。如上文中的乐乐就是一个典型，由于父母对其学习过于苛刻要求，而产生厌学心理。

有很多孩子学习十分努力，但是却总是拿不到好成绩，无法从学习中得到满足感和成就感，多次受挫，逐渐形成"我是差生"的观念，又反馈到学习行为上。这样恶性循环下去，势必会产生厌学心理。

针对以上引起孩子厌学的原因，妈妈可以对症下药来拨正孩子的厌学情绪。

1. 不要过分给孩子施加压力。让孩子拥有轻松的心理是保证孩子正常学习的关键。因此，不给孩子加压是克服和消除孩子厌学的一个重要方法。另外，妈妈不仅不对孩子加压，还要学会给孩子减压。比如用温和的语言消除孩子心理上的顾虑和负担。

2. 帮孩子同老师和同学建立良好的关系。平时，妈妈要有意识地培养孩子与小朋友交往的能力，多带孩子参加一些集体活动，以改进孩子心理上对集体生活的适应能力。同时，也要帮助孩子消除"老师不喜欢我"的心理，积极消除孩子和老师间的隔阂。

3. 消除孩子对学习的痛苦印象。厌学的孩子大多都对学习感到"头疼"，他们厌倦书本，害怕作业和考试。在他们的心里常常把学习当作是一种折磨和痛苦。为此，妈妈必须尽力帮助孩子改变这种对学习的痛苦印象。首先要让孩子在比较轻松的氛围内学习，不要觉得学习是很重的负担。当孩子学习遇到困难时，要给以鼓励和安慰，让他有继续学习的勇气和力量。同时，要注意孩子的劳逸结合，张弛有度地学习才能让孩子保持良好的学习状态和兴趣。

孩子喜欢打人怎么办

小孩也是有暴力倾向的，因为攻击性心理是一种本能。攻击性心理是指因为欲望得不到满足，而千方百计实施一些攻击性行为，以别人痛苦为乐的心理。它在不同的年龄阶段有不同的表现形式。孩子的攻击性心理在行为方面的表现为：幼儿园阶段主要表现为吵架、打架，是一种身体上的攻击；稍大一些的孩子更多的是采用语言攻击，谩骂、诋毁，故意给对方造成心理伤害。从性别攻击心理来说，男孩以暴力攻击居多，女孩以语言攻击居多。

佳佳和莎莎正在画画，佳佳缺一支红色的蜡笔，看见莎莎笔盒里有一支，伸手就去拿，嘴里还说："这是我的。"莎莎不肯给她，佳佳气得把莎莎画画的东西全扔掉，还用脚去踢莎莎。

8岁的轩轩散漫、冲动、好斗，言行极具攻击性，一年级下学期闻名全校。成绩门门红灯高挂，调皮捣蛋得出奇。老师见他头疼，同学见他害怕，上课破坏纪律，下课欺负同学，一会儿把同学的球抢过来扔掉，一会儿把女同学正在跳的橡皮筋拉得有十来米长，一会儿又故意用肩去撞对面过来的同学。如果谁说他一句，他就会对他拳打脚踢。

亮亮学习成绩差，性情怪异，不讲卫生，手脸总是很脏；人际关系恶劣，总是欺负周围的同学，有时无缘无故打同学一巴掌或踢同学一脚，或者故意拿同学的东西。他不尊重老师，对老师的要求不屑一顾，经常弄得全班同学哄笑不已，影响非常恶劣。

儿童攻击性心理的形成大致有 3 方面原因：一是遗传因素。有些攻击性强的儿童可能存在某些微小的基因缺陷。二是家庭因素。家长对孩子的暴力惩罚，往往使孩子产生一种抵触情绪，并把这种恶劣的情绪"转嫁"到别的人身上，找别人出气。家长过度地溺爱也会铸就这种惹事"小霸王"。三是环境因素。美国心理学家班杜拉通过一系列实验证明，攻击性心理具有模仿性，如果儿童经常看暴力影视片、武打片，玩暴力电子游戏，接触具有暴力倾向的人，会强化这种攻击性心理。

攻击性心理甚至会影响到孩子的整个人生，如果这种行为没有得到及时纠正，那么等到他成年后，就会出现人际关系紧张、社交困难，甚至走向犯罪。妈妈要及时预防和化解孩子的暴力倾向，平时要多了解孩子的收视信息，了解暴力内容对孩子的影响程度。当发现孩子对暴力内容非常感兴趣和崇尚时，一定要教育他不能凭个人武力去解决问题。当然不能是严肃的说教，用活生生的事例来说服孩子更有效用。大部分男孩都对打打杀杀的场面很感兴趣，而且喜欢模仿，妈妈可以让孩子参加业余武术训练班进行训练，释放出在暴力内容刺激下活跃起来的体内能量。另外，孩子与朋友之间一定会有纠纷，教会孩子自己正确处理孩子之间的纠纷，比妈妈出面帮孩子解决纠纷更有意义。这样，既保护了孩子的自尊心，又教会了孩子怎么做人处事，消除了孩子的"暴力隐患"。

同是感冒，要用对症的药物才有效，而同属于"攻击性心理"，也要根据不同的诱因来"对症下药"。以下是几种"药丸"，请妈妈给孩子对症用药。

1. 停止那些攻击性的言行，创造一个良好的家庭气氛，有充足的时间陪孩子玩。

2. 不让孩子看有暴力镜头的电影、电视，不让孩子玩有攻击性倾向的玩具。

3. 永远不对孩子的"攻击性行为"进行奖励，自己的孩子也有错。

4. 教孩子学会正确的"情绪宣泄"。

5. 饲养小动物，鼓励孩子的亲善行为，培养孩子的爱心。

6. 引导孩子进行"移情换位"，经常给他假设："你是被攻击的小孩，会有什么感受？"

孩子有点自闭怎么办

自闭症也叫孤独症，属于先天性疾病，是在社交技能、认知和交流等多方面存在发育障碍。主要的障碍是认知的发展困难，表现出来的症状主要是言语发展障碍和社交发展障碍。其典型特征是语言发展缓慢，不知道如何与他人交流，不知道如何与他人交朋友，感知反应不正常，严重地偏离正常的社会关系。

穿一件玫瑰色T恤的阿珂气质清新可人，眉宇间却透出淡淡的忧伤。阿珂很小的时候，妈妈就感觉怀中的她跟别人家的孩子不一样。不管怎么逗，她都没什么反应，她很少和身边的小朋友玩耍，每天最喜欢做的事情就是把积木摆成长长的一排，推倒后再摆，如此反复；她还喜欢舔自己的手背，然后盯着上面的唾液发呆；她不会说话，也不会自己穿衣吃饭，更不喜欢跟别的小朋友玩。

进入高中后，她天天埋头学习，很少和同学交流，也没有知心朋友。大学4年，她也从不参加学校活动。

阿珂的父亲每晚在一家单位守门，妈妈在一家政公司做清洁工，每月的家庭收入还不到1000元。这无形中增加了阿珂的心理压力。想想父母的艰辛，再想想自己不能为家里减轻压力，阿珂心里很难受，看看同龄女孩有着爽朗的性格，家庭、运气、能力样样都好，阿珂心里好生羡慕。

她大学毕业顺利地进入成都一家公司，但工作一个月后，公司就以业务能力不强为由将她辞退。她又来到成都某广告公司工作，但感到工作很吃力，干了不久也离开了。踏出社会的两次努力都失败了，她变得沮丧起来，天天把自己关在家里，不敢见人，不敢和人说话，最后连喊爸妈的勇气都丧失了。

她觉得自己是个累赘，拖累了爸爸妈妈，她甚至想到了自杀。

从阿珂的种种表现来看，她患了自闭症。自闭症通常在3岁前可以觉察得到。自闭症常常是源于早期心理，大多发生在儿童身上，并且难以摆脱，一直持续到成年。据美国《精神疾病诊断标准》数据显示，自闭症的患病率占全球儿童人口的0.02%～0.05%。一般来说，自闭症孩子在出生后和婴儿早期会出现一些症状，但由于很多妈妈经验不足，往往很难识别。也有一些孩子因为在生活中缺少爱和交流，或者因一些事件伤害了自尊心而在后天中逐渐发展成自闭。

儿童自闭症在发病以前往往没有显著的异常特征，因此容易被妈妈忽视，但这并不意味着自闭症不能早期发现。如果孩子出现以下情况，就需考虑请专业人员进一步评估和密切观察了：

1. 自闭症最核心的表现是跟家人不亲密。比如给孩子喂奶时，孩子跟妈妈之间没有眼神交流；伸手抱孩子时，他们没有有意的"伸手"迎接姿势，身体不会靠近抱他的人，不会对大人微笑。

2. 没有正常的情感反应，并存在社交障碍。他们对别人的痛苦无动于衷，遇到困难时不主动寻求帮助，不会通过眼神交流来表达感情和自己的要求；摔倒了不怕疼，对鲜亮的颜色、玩具没有反应；对父母不依恋，但对陌生人又不感到害怕，不喜欢跟别的小朋友一起玩耍，就算在一起玩，其方式也很奇怪，比如说，喜欢把别人推倒在地。

3. 语言发育迟缓。一般来说，自闭症患儿说话都比较晚，会说话的孩子喜欢模仿别人的语言，就像鹦鹉学舌。不会用手势表示"再见"，有的孩子经常会把代词用错，把"我要"说成"你要"，把自己称为"他"等。

4. 重复性的行为和奇怪的爱好。很多患有自闭症的孩子总喜欢重复做一件事情，比如重复给玩具排队，玩弄自己的脚趾。很多孩子拒绝接受变化，比如喜欢把东西放在相同的位置，一旦有变动就会变得异常不安。

5. 对某些奇怪的物体产生依恋。他们可能对一只杯子、一块砖头很依恋，走到哪都要揣在身上。正常的孩子听到好听或可怕的声音后，都有反应，但自闭症患儿就恰恰相反。

除此之外，他们还喜欢自行车轮、电风扇等能够旋转的物品，莫名其妙地发笑，特别好动或不爱动，不明原因哭闹等。

有些妈妈虽然觉得孩子有问题，但往往希望只是暂时问题；有些妈妈甚至相信开口越晚越聪明，采用消极等待法；有些妈妈则带着孩子辗转各大医院，寻求名医确诊，结果往往错失早期最佳治疗期。其实对自闭症患儿，2~3岁的早期干预对预后影响十分显著。因此，如果怀疑存在自闭症或其他发育问题的儿童，主动出击是制胜的重要法宝，妈妈应积极寻求早期治疗干预。

其实自闭者完全可以走出自己的"茧"，只要有积极的心态、良好的认知、完善的系统思维、超强的自我调节，那么自闭心理会随着成长而逐渐减弱，甚至消失。对于那有自闭心理倾向的孩子，重要的不是怎样苦口婆心地引导，而是和孩子一起成长。重新创造一个新的环境，用业余时间和孩子一起学习、听音乐、绘画、唱歌、做游戏，一起体验生活，并像朋友那样互相交流。这样长期下去，孩子的自闭状态可以得到明显改善，他会重新回归社会。

孩子喜欢咬手指怎么办

日常生活中，只要我们稍加留意，就会发现身边有很多像小勇那样吃手指或者咬指甲的儿童。心理学家指出，吮手指和咬指甲是儿童期发病率较高的一种心理运动功能障碍。美国的一位心理学家经过长时间的调查研究，发现在6~12岁的儿童中，有12%的儿童"经常"甚至"几乎整天"吮手指，而有44%的儿童经常咬指甲。

小勇的父母都在一家大型企业上班，加班是常事，于是小勇独自在家也成了家常便饭。小勇已经6岁了，长得虎头虎脑的，人见人爱，但是令父母忧心的是，小勇至今仍保留着吮吸手指的习惯。

这天，小勇和父母一起去姥姥家。小勇很喜欢去姥姥家玩，因为那里有小表哥浩浩和小表弟涛涛陪他玩。3个小家伙有一段时间没见面了，刚一见面，浩浩就特别热情，还将他爸爸给他新买的玩具枪给小勇玩。看到浩浩的玩具枪，小勇爱不释手，玩起来就不想放下了。没多久，浩浩和涛涛也想玩，就央求小勇把枪给他们玩一会儿。但是，小勇不舍得把枪让给他们玩。浩浩和涛涛见小勇半天都不把枪给自己玩，于是两个人一起把玩具枪从小勇手里抢了过来，还把小勇推倒了。

"哇！"小勇大哭起来，父母闻声赶来，从浩浩的嘴里得知了事情的原委，爸爸批评了小勇。父母走后，浩浩和涛涛哥俩也不理小勇了，看着他们玩得起劲，小勇默默地在一旁看着，下意识地把手指塞进了嘴里吮了起来。

每次看到小勇咬手指，父母都会严加斥责，甚至打骂。然而，小勇至今仍难以改变这种习惯，不由自主地就将手指塞进了嘴里。如今，小勇的右手食指都已经有一些畸形了。

一般说来，大多数的婴儿都有吮手指的行为，特别是婴儿长牙的时候，这是正常现象。随着年龄的增长，大多数儿童吮手指或者咬指甲的现象就会逐渐消失，但也有少数会持续到成年。

心理学家认为，儿童吮手指、咬指甲的行为主要是因为儿童爱的需求得不到满足引起的。

吮手指、咬指甲，看似是很平常的现象，但是对孩子的影响和伤害却是深远的。因为，儿童从手指中吸到的远不只是病菌。

我们知道，人的手是接触外界最多的一部分，特别是孩子，出于好奇，总喜欢这儿摸摸，那儿抓抓，甚至会在地上爬。因此，孩子的指甲缝中和指尖上会沾有大量的细菌、病毒等。此外，一些儿童玩具、食品包装和学习用品等带颜色的塑料产品中含有大量的铅，孩子在吮手指、咬指甲时，无疑会把大量病菌和铅等有害物质带入口腔和体内，导致口腔、牙齿感染，儿童体内铅含量过高等。

另外，经常吮手指、咬指甲还会对儿童的牙齿造成伤害，造成牙齿排列不整齐，如牙齿外暴，门牙缺角，影响孩子的容貌。咬指甲还可能造成指甲畸形，破坏甲床，引发出血或感染，造成感染化脓等，给孩子带来痛苦。

此外，孩子吮吸手指常会遭到小朋友的耻笑，引发他的害羞、焦虑等情绪；再者，经常吮吸手指，总是把手放在口中，会影响孩子手指肌肉发育和精细动作的发展，从而对以后的工作、学习及生活也有一定的影响。

吮手指、咬指甲会对孩子日后的生活产生重大的影响，必须进行矫治。妈妈可以从以下几个方面做出努力：

1. 营造温馨和谐的家庭环境：大部分孩子之所以会吮手指或咬指甲，是因为父母关系紧张，经常吵架，或对孩子要求太严，经常打骂孩子。因此，只有营造温馨和谐的家庭环境，才能使孩子情绪稳定，使他改掉吮手指和咬指甲的毛病。

2. 关注孩子的心理需求：妈妈应当从百忙的工作、家务中抽出时间，多与孩子在一起，交流感情，并多进行肌肤接触，陪孩子做游戏，陪孩子睡觉，在睡觉前给孩子以抚摸等温情，使孩子有充足的幸福感和满意感。

3. 鼓励孩子多与同伴玩耍：给孩子安排一些合适的手工

活动，尽量使他们不闲待着。如让孩子玩积木、玩沙子、画画、做游戏等，以把孩子的注意力引向快乐、活泼的活动中，让孩子忘记这种不良行为。

4. 对孩子要宽容：在矫正孩子吮手指、咬指甲的行为时，妈妈的态度要和蔼亲切，语言动作要轻柔，千万不要大声呵斥、恐吓、打骂，不要采取简单粗暴的禁止，因为这样只会强化这种行为，使孩子感到更紧张，甚至产生自卑感、孤独感等不健康心理。

5. 运用"厌恶疗法"：在不得已时，可在孩子的手指上涂点黄连素或胡椒粉，使他吮吸时产生一种厌恶感，可减少或逐渐消除这种不良行为习惯。

孩子安静不下来怎么办

活泼好动是每个儿童的天性，也是儿童的可爱之处。但是日常生活中有些孩子不是活泼好动，而是不听家长、老师的劝阻，不分时间、不分地点地乱动乱跑，这些儿童就是患上了儿童多动症。多动症又叫注意力缺陷障碍，以注意力缺陷和活动过度为主要特征的一种行为障碍，一般在学龄前出现，但9岁是儿童多动症症状最突出的年龄，患病率为3%～5%，其中男孩高于女孩。

明明爸爸妈妈为不断惹事的孩子伤透了脑筋。老师几乎每周都会给家里打电话，向他们述说明明在学校里的种种"罪状"：学习成绩差，上课开小差，而且经常在课堂上随意走动，下课则在走廊上横冲直撞……就在前几天，明明把一个女同学撞倒在地，导致对方骨折。

在家里，明明更是行为乖张，不是打碎玻璃，就是虐待小猫，或者拿着扫把追着家里的鸭子到处跑，就连看电视也不停地换频道，从来不能耐心地看完一个完整的节目。

更使人担忧的是，老师的教育、父母的训斥，对明明来说几乎没有什么作用，事后依然如故。"真是个不可救药的坏孩子！"爸爸妈妈已这么下断语了。但是，明明真的是不可救药的坏孩子吗？其实，他不是一个"坏孩子"，而是一个"病孩子"。他得的病就是"儿童多动症"。

多动症的主要表现就是多动（活动过度），多动症儿童经常是不分场合地过多行动；此外，注意力不集中也是多动症的一个显著特征，与正常的儿童相比，多动症儿童极易受外界刺激的干扰而分散注意力，做事常常有头无尾，总是不停地从一个活动转向另一个；情绪不稳、冲动任性，易激动、易冲动等都是多动症儿童的典型特征。有研究表明，80%的多动症儿童都好顶嘴、好打架、横行霸道、恃强凌弱、纪律性差，有的甚至还有说谎、偷窃、离家出走等行为。由于多动、注意力不集中，多动症儿童还伴有学习困难，但智力发育正常。

需要注意的是，儿童多动症不等于儿童好动。多动症儿童的活动是杂乱的、无目的的，而好动儿童的活动则是有目的的、有序的；多动症儿童是在各种活动中都表现得多动、注意力不集中，而好动的儿童则只是在某些活动场所或场合下有多动表现；多动症儿童的多动不分场合，一些举动难以被人们所理解，而好动的儿童，即使特别淘气，其举动也不离奇，能为人们所理解；多动症儿童不能专注于某一项活动，没有什么活动内容能使他们静下心来投入进去，而好动儿童对他们感兴趣的活动则能静下心来投入进去。

一项研究表明，目前在学龄儿童中有8%～12%的人都被诊断为多动症，这一数字比过去几十年都要高，而且仍有很多未经确诊的病例存在。

有专家指出，多动症如果不经治疗，它将会影响一个人生活的各个方面，包括学校、家庭及社会上的功能。由于患病儿童的行为存在障碍，如果不经治疗，青春期时，就会出现一系列问题，如物质滥用（违法药物及酒精）、反社会行为、逃学等。成年期时，虽然很多患者会发展出一套行为机制来隐藏他们的多动症症状，但是他们却依然无法避免多动症所造成的影响：他们很难较好地完成工作任务，因此无法维持固定的工作；很难与他人融洽相处，因此社会关系紧张；很难拥有良好的工作能力，因此收入低。

面对有多动倾向的孩子，妈妈应该怎么办呢？

对妈妈来说，要正视现实，给孩子更多的关心、教育和培养，最好带孩子去医院进行心理咨询和检查，听听医生的分析。倘若孩子确实患有多动症，而且影响学习成绩或产生一些异常行为，应该按医嘱坚持治疗，包括药物和心理行为治疗，切忌乱投医、滥用药。

如果孩子的多动不属病态，则要加强对孩子的教养，保证孩子有规律地生活，让孩子拥有融洽的家庭氛围，让他适度地参加一些社交活动并避免精神紧张与创伤，对孩子以表扬为主，鼓励他做一个好孩子。

然而目前有很多家长和老师对多动症还存在着认识的误区：一方面，他们认为孩子多动、注意力不集中只是儿童成长过程中的阶段特征，不足为奇；另一方面，有很多家长和老师都不愿意给孩子贴上"多动症"的标签，认为多动症是一种难以启齿的精神疾病。

为此，专家指出，多动症是一种慢性、终身性疾病，多动症儿童需要父母的关爱，关爱其成长的各个方面，并及时干预防止儿童多动症的发展。

孩子见谁都害羞怎么办

在我们的身边，有很多这样的孩子，他们在面对新环境和陌生人时，常常会表现出腼腆、羞涩、忸怩不安、难为情或担心、犹豫等，这就是人们常说的害羞，害羞是一种很常见的心理反应。

好不容易盼到了周末，恬恬很开心，因为妈妈答应这周带她去游乐园玩。周六早晨，恬恬一改往常周末赖床的坏毛病，早早就起床了。恬恬麻利地洗漱完毕，吃完早饭，就和爸爸妈妈一起出发了。

游乐园里人可真多啊，各个游戏场所前的售票口都排起了长队。爸爸去排队买票了，恬恬和妈妈在一旁等着。正巧，妈妈的同事李阿姨也带儿子小冬来游乐园了，两个大人见面打完招呼后，小冬也热情地问了声"阿姨好"，李阿姨的目光落到了恬恬的身上。

"哟，恬恬都长这么高了，也越来越漂亮了。"李阿姨边说边准备拉恬恬，谁知恬恬却一下子躲到了妈妈的身后。

"来，恬恬，跟阿姨和小朋友打个招呼，问阿姨好。"妈妈边说边往前面搜恬恬。可是恬恬却紧紧地躲在妈妈的身后，说什么都不肯出来。

"这孩子，就是害羞，怕见生人，一见到生人就躲，其实她平时在家话可多了。"妈妈有点尴尬。

两个人又寒暄了几句,便各自走开了。这时候,恬恬才从妈妈的身后出来。妈妈不明白:孩子都10岁了,怎么还这么害羞呢?跟人说句话有什么好怕的呀?

一般来说,孩子在出生后6～8个月,便开始进入"认生期",在这一时期,孩子会对陌生人表现出一定的害怕,随着时间的推移,孩子的认生现象会逐渐消退,但是,如果妈妈不给予正确的引导和教育,孩子害羞、怕生的心理便会越加严重。造成孩子害羞的原因主要有以下几个方面:

1. 遗传因素:遗传是导致孩子害羞的间接因素。从婴儿期开始,有的孩子就表现得比较敏感,这可能是由于母亲怀胎时的身体和心理压力所导致。如果妈妈本身性格内向,平时又不善于与人交往,相对地也会造成孩子害羞、怕生的个性。

2. 童年不愉快的经历:有的孩子在童年时期可能会有一些不愉快的经历,如搬迁、妈妈离婚、家人去世、转学、朋友的伤害等,这些不愉快的经验都会使他们失去较多的社会鼓励,以致变得畏缩、逃避,没有勇气与陌生人相交。

3. 成人的影响:很多孩子害羞,是因为从小受到成人所灌输观念的影响,有些孩子只是比较含蓄,但由于妈妈不断说他是个害羞的孩子,再加上亲戚朋友和学校同学不断提起,结果,使他真的变成了一个害羞的孩子。

4. 妈妈不良的教养方式:有的孩子害羞是由于妈妈不良的教养方式导致的。比如孩子在小的时候,受到过妈妈或别人的恐吓;或者孩子有问题来问妈妈时,妈妈因为手头工作忙,不是被奚落一顿,就是被责骂,或者被不耐烦地拒绝,这些都会造成孩子日后遇事害羞。可惜的是,许多妈妈并没有意识到这一点。

从某种意义上说，害羞本身并不是一个问题，只有当孩子的害羞程度达到让他们无法参与到集体活动中时，他们的害羞才会成为问题。因为它会阻碍孩子交朋友、有碍学习进步和自尊心的确立，也会降低心理适应能力。害羞的孩子通常会神经过敏、疑惑不安、孤单、沮丧以及难交朋友。因此，必须予以纠正。

对于害羞的孩子，妈妈该如何帮他们走出害羞的阴影呢？

（1）要多给孩子以抚慰：离开母体，孩子就以一个独立的个体存在，他需要安全感来维持心理平衡，妈妈可以采用拥抱法来给予孩子抚慰。心理学家说过："成人每天要有 4 个深情的拥抱，孩子每天要有 20 个拥抱才能达到心理平衡。"

（2）要多给孩子以鼓励：每个孩子都希望得到别人的肯定和表扬。胆怯的孩子更需要，他们本身就自责、缺乏勇气，在做某件事之前，预见的是自己不行。如果这时给他一些鼓励，增加他的勇气，他会把事情做得很好。

（3）要给孩子一个温暖的家：平等、理解、温馨的家庭环境能给孩子勇气和自信。克服孩子的羞怯，要有这样的环境。在孩子面前不要滥用家长权威，尤其是对易羞怯的孩子。家里的事尤其与孩子有关的事，要多征求和尊重孩子的意见。

（4）要鼓励孩子交朋友：结交朋友是孩子社会化的一种表现。羞怯的孩子，担心别人瞧不起自己而不去交友。这时妈妈就应该鼓励他，首先让亲朋好友或比较熟悉的孩子与他一起玩，克服他交往的恐惧心理，然后再鼓励他在同学中交朋友。当孩子带朋友到家中时，妈妈要表现出热情，别不当一回事，以增加他的勇气。

孩子偷东西怎么办

根据著名心理学大师皮亚杰的理论，2～7岁儿童的思维属于"前运算阶段"，是儿童从表象思维向抽象思维过渡的阶段。处在这一阶段的孩子，总是以为周围的人和事物都与自己有关。如看到妈妈皱眉头，会认为是自己惹妈妈生气了。根据皮亚杰的观点，这种思维的基本特征是"自我中心"。

同时，处于这一年龄段的孩子，往往也分不清"你的""我的""他的"这些概念，只要是自己喜欢的玩具，他就会理所当然地将它带走，年龄越小，这种现象就越普遍。

小童今年刚上二年级，聪明伶俐，是个帅气的小男孩。这天下午放学后，妈妈把他接回家，督促他写完作业之后，就去厨房准备晚饭了。

客厅里响着轻柔的音乐，一向顽皮的小童，今天居然也安安静静地在屋子里看起了画册。妈妈从厨房探出头来，对他说："小童今天好乖啊。"小童拿起画册，告诉妈妈："妈妈，这本《福娃奥运漫游记》好好看！"

"你怎么会有《福娃奥运漫游记》呢？"妈妈的微笑突然一沉。

"我的！"小童理直气壮地说。

"瞎说，爸爸妈妈没有给你买过这本书。"

"我的……是爷爷买给我的。"

妈妈见小童这样的态度，没有再问他。爸爸回家后，妈妈将事情告诉了他。

晚饭后，爸爸对小童说："小童，我们去看看爷爷好不好？"

小童一听，似乎觉察到了什么，忙不迭地说："这么晚了还去看爷爷，我明天还要上学呢，不去了吧。"

"那怎么行呢？爷爷给你买了这么好看的画册，难道你不去谢谢爷爷啊？"爸爸追问小童。

小童见事情已经无法再隐瞒，羞愧地低下了头，向爸爸道出了事情的原委："今天下午，我看见小强的桌子上有一本非常精美的画册，我好喜欢，就趁他不注意，把它拿回来了。

"爸爸，我错了，我不应该拿别人的东西，也不应该跟你撒谎。"小童耷拉着脑袋跟爸爸承认错误。

"这怎么得了，才7岁的孩子就学会说谎，学会偷别人的东西，长大以后还不知道会怎么样呢……"妈妈指着小童怒气冲冲地说。

生活中有很多小孩子都曾经发生过"顺手牵羊"的行为，但并不是人人最后都变成小偷。小童妈妈对孩子的话语太重了，因为她把这个问题夸大了。我们不能简单地将孩子的"顺手牵羊"行为归之为偷窃，并且认为小时候偷针，长大之后就会偷牛。因为这种说法，不仅会影响孩子人格的发展，而且会对孩子的心理产生莫大的伤害。

如果孩子已经将他人的东西带回了家，这时候，妈妈应该怎么办呢？勃然大怒，将其痛打一顿，或者晓以大义？

实际上，这些都不是最好的办法，这时候，妈妈应该用冷静、温和的态度问明东西的来源，并且和他讨论："福娃真的好威风啊！和电视里的一模一样呢。妈妈知道你很喜欢它，但是小强一定也很喜欢它，现在小强找不到他的福娃，肯定会很着急，也很难过，是不是？现在妈妈和你一起去把福娃还给小强吧。"然后带着孩子当面把东西还给对方。如此一来，不但不会伤及孩子的自尊，同时也能让他了解，东西有"他的"和"我的"之分，如果随便拿走别人的东西，他人也一定会很伤心的，就如同别人拿走自己的东西一样。

妈妈应该在孩子童真的世界里，建立"所有权"的观念——让孩子知道，福娃是邻居家小朋友的，玩具火车是表弟的，芭比娃娃是表妹的，那本画册才是自己的。同时应该让孩子知道，在拿别人的东西之前，应该征得对方的同意。如果妈妈本身就缺乏所有权的观念，今天说这玩具是哥哥的，明天说是邻居小朋友的，那就很难保证孩子不如此。

因此，妈妈应该先学会尊重孩子的所有权，例如，拿孩子拥有的物品时，应该先告诉他一声，归还时也应该说声"谢谢"；进他们的房间，不妨先敲门；无意中弄乱了孩子的生活空间，应该向孩子道歉……一旦孩子感到自己的所有权得到了尊重，那么他也就学会了尊重他人的所有权。所有权的观念，应该从什么时候开始训练呢？

心理学家亨利·霍斯金认为，建立所有权的观念，应该从小做起。当孩子两三岁的时候，就可以告诉他哪些用具、物品是爸爸的，哪些是妈妈的；四五岁时，可以让孩子拥有自己的洗漱用具、房间、杯子、玩具等。当给孩子买了新东西的时候，可以告诉他："这是爸爸买给你的。"有了这些观念之后，孩子就自然学会了如何约束自己，不至于再随便拿别人的东西了。

另外，研究指出，孩子之所以会顺手牵羊，是因为他们所喜爱的东西家中没有。因此，平时妈妈要顾及孩子的需求，酌情买给孩子，不要因为担心孩子贪得无厌而逐一否决孩子提出的要求。

孩子有学习障碍怎么办

很多学生在智力发展上并没有异常，但他们有些学科的成绩与其他主要学科成绩差距过大，也许这并不是简单的偏科问题，而是学习障碍的问题。专家将这些智力上无障碍，但成绩没达到一定标准的，并且不能进行最基本的"读""写""计算"等的儿童称为学习障碍儿童。

小海今年15岁了，就读于某私立学校的初中三年级。他生长在一个非常富裕的家庭里，其父亲是某集团公司董事长。

小海身体健壮，是学校的体育"明星"，跑步、跳高、跳远、游泳等许多项目都是全区冠军；小海积极上进，有组织才能，是本年级的学生会主席；人也很聪明，数学、历史、生物、地理等学科成绩优异。但令人惊讶的是，这样一个发展比较全面的少年，却有着一个使他和他的亲人、老师极为困惑和苦恼的问题——他记不住书上的字词，因此，语文和英语成绩较差。

为此，他的父母想了各种各样的办法帮他提高记忆力，但收效甚微，每次考试，他的语文和英语成绩还是上不去。最后，在老师的建议下，父母带他来到了心理咨询中心，希望心理医生能帮小海解决这一问题。心理医生经过仔细检查后发现，小海有严重的阅读障碍，因此导致他记不住字词，有听写与拼音困难，阅读速度缓慢。

美国学习障碍儿童咨询委员会提出了学习障碍的定义："学习障碍儿童表现出一个或多个基本心理过程失调，包括理解或运用口语、书面语，可能表现在听、说、思维、阅读、书写、拼写、推理或计算方面的失调。这些情形可能与知觉障碍、脑损伤、轻微脑功能障碍、难语症等有关。但是它不包括主要由视觉、听觉或运动障碍、心理迟滞、情绪紊乱或环境不利造成的学习障碍情形。"

儿童学习障碍有三种不同的类型：阅读障碍、书写障碍和数学障碍。有阅读障碍的孩子阅读缓慢，理解力差，当要求他们大声朗读时，他们就会跳词、换词或者曲解词语；有书写障碍的孩子会典型地表现出大量的写作问题：段落组合不好，错误的拼写、语法和标点符号，不规范的书写；有数学障碍的孩子可能无法理解概念、识别符号或记住运算（如记数），无论什么情况，答案总是错的。

学习障碍的孩子和其他的孩子一样聪明，他们只是某一部分的认知能力有缺陷。学习障碍的孩子并不是因为笨或懒或不认真而导致学习困难，而是因为脑神经结构和功能的不同使得他们无法用一般人的学习方式学习，因此他们必须使用不同的学习方式。

妈妈们要区分学习障碍儿童与智力落后儿童的区别。首先，学习障碍不同于智力落后。在学校中，许多智力正常甚至是优等的学生在学业方面表现得极差，与其智商不相匹配。这些孩子的问题属于学习过程受到了妨碍，是学习能力的缺损，这些儿童的学习问题是内部固有的，可能是遗传的，表现为完成特殊学习任务方面的心理功能受损，这不是他们本人的错，也不是家长和教师的错，可以通过特殊的训练来减少这一缺损造成的损失。

其次，学习障碍不是生理残疾导致的，将那些因明显生理残疾而导致学习落后的儿童从学习障碍中划分出去，规定了学习障碍特定的问题主要是与学习有关的基本心理过程的缺损或失调。因为学习障碍者一般是智力正常，但因学习能力落后而导致成绩低下。研究表明，5%～10%的在校孩子属于学习障碍儿童。

学习障碍并不可怕，最可怕的是爱的丧失、自信的丧失和进取心的丧失。只要妈妈对学习障碍的儿童充满爱心、耐心和信心，他们就会努力克服自身的能力缺陷，或用长处弥补短处，取得成功。只要得到适当的帮助，帮他们挖掘天赋潜能，他们也可以获得成功，如爱因斯坦、丘吉尔、洛克菲勒、李光耀、汤姆·克鲁斯等都是学习障碍者，但他们都获得了成功。

他们无疑是幸运的，因为他们得到了妈妈和老师的宽容和关爱。所以，妈妈应该给学习障碍的孩子多一些宽容和关爱。妈妈要从内心纠正学习障碍是病态、是异常，是大脑的某种功能落后导致的这一错误观点，更不能认为有学习障碍的孩子要对自己的行为负责，要受到惩罚。正如妈妈不能对孩子的感冒发烧批评、愤怒一样，妈妈也不能对学习障碍表现出不平、不接受，障碍不会因为你的愤怒和批评而有所收敛。对待感冒要及时治疗，发现有效的治疗手段，同样对待学习障碍，也要及时治疗，找到有效的矫正方法。